小学生四字熟語

大人のための意外と知らない

出口 汪
Hiroshi Deguchi

水王舎

プロローグ

四字熟語は大人の教養

　漢字には一つ一つ意味があります。その漢字が四つ集まると、特別な意味が生まれます。
　たとえば、「一日千秋」。
　たった一日しかたっていないのに、千回秋を迎えるほど時が長く感じられる時、「一日千秋」の思いとなります。燃えるような恋をしたその相手としばらく会えない時、まさに「一日千秋」の思いで再会の日を待ち望むことになるのです。「粉骨砕身」、これもすごい漢字ですね。自分の骨を粉にして、身を砕くのですから、よほどの頑張りでしょう。

　また四字熟語には古人の知恵がふんだんに込められています。
　「四面楚歌」は、楚の項羽が四面を囲む漢軍の中に楚の歌を聴き、楚はすでに漢に下ったのかと嘆いたという中国の故事から出た言葉で、孤立無援の状態をいいます。
　周りが敵ばかりで、味方がいない状態の時、

漢軍に周囲を取り囲まれた項羽の心境を思いやるのも一興です。

「不易流行」は松尾芭蕉の俳諧理念です。「不易」はいつまでも変わらないこと、「流行」は絶えず新しく移り変わっていくこと。いつまでも変わらない本質的なものを大切にしながらも、絶えず新しい変化を求めていく、これは何も俳諧に限ってのことではないはずです。

まさに四字熟語は大人の教養だといえるでしょう。

本書は中学入試問題から四字熟語の問題を集め、整理したものです。本来小学生が修得すべき教養ですが、それでも何と豊穣な漢字の世界かと実感されるのではないかと思います。

最後の第８章には私の創作問題を掲載しましたので、ぜひ挑戦してみてください。

脳科学に基づく記憶法

本書の特徴の一つは、四字熟語を完全に習得するための、様々な工夫をしているということ

です。

　実際のところ、四字熟語を習得するのは並大抵のことではありません。そこで、本書はまず小学生で修得すべきものに絞り込みました。なぜなら、これらは一度学習したものであり、しかも、おそらくその後の人生で何度かは目にしたことがあるものばかりだからです。

　そこで、これらを集中的に繰り返すことで、完全に自分のものにすることから始めるべきなのです。まさに雪だるまの芯を固める作業と言っていいでしょう。あとは、転がすだけで自然に語彙力が増強されていくのです。

　記憶に関しては、有名なエビングハウスの実験があります。5ページを見てください。

　このグラフによると、一度学習しただけでは、1時間後に56％、1日たつと74％も忘れてしまうことが分かります。

　つまり、記憶のコツはいかに反復するかなのです。ただし、単純な反復は脳が受け付けません。

エビングハウスの忘却曲線

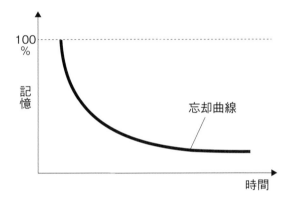

20分後には、42%を忘却し、58%を覚えていた。
1時間後には、56%を忘却し、44%を覚えていた。
1日後には、74%を忘却し、26%を覚えていた。
1週間後には、77%を忘却し、23%を覚えていた。
1か月後には、79%を忘却し、21%を覚えていた。

　そこで、本書では一つの四字熟語を様々に形を変えて学習するように工夫をしています。「書き取り」「読み取り」「意味」「空所補充」「並び替え」「クイズ形式」など、何度も様々な形で反復することにより、自然に四字熟語が身

につき、忘れにくくなるはずです。

　習得した四字熟語を今度は日常生活の中で使ってみてください。アウトプットすることで、言葉は初めて自分のものとなるからです。

本書の利用法

　本書は全70回のテストから成り立っています。自力で解き、各回10点満点で採点をしてみましょう。

　合計700点満点です。

　165ページに得点集計表があるので、そこに得点を書きこんでください。得点集計表を見ると、自分がどの回ができていなかったかが一目瞭然です。

　言葉を習得するためには、反復練習しかありません。得点の低い回は何度も繰り返し学習しましょう。

　すべて小学生の四字熟語なので、どれ一つとっても、大人の教養として欠けてはいけないものばかりですから。

巻末に重要な四字熟語の一覧とその詳しい意味を掲載していますので、あやふやな知識のものがあれば、たえずそれを参照して、確認してください。記憶は反復すればするほど、徐々に確かなものとなっていきます。

◎本書には、同じ四字熟語がいろいろなところで顔を出します。それは、入試で多くの中学校が四字熟語の重要性を認識していて、そのなかでも知っていてほしいと考える、頻出四字熟語だからなのです。

　また、四字熟語は様々な「問われ方」で出てきます。どういう方向から問われてもきちんと答えられる、使いこなせる、そういう力を試そうとしているのです。

　この1冊で、あなたは四字熟語のおもしろさにはまって、つい、日常の会話でも四字熟語が口をついて出てくるかも。

　　　　　　　　　　　　　　出口　汪

も　く　じ

プロローグ ❷

第1章　書けないと恥をかく
　　　　小学生四字熟語 ❾

第2章　読めないと恥をかく
　　　　小学生四字熟語 ㉕

第3章　まちがい探しの
　　　　小学生四字熟語 ㉟

第4章　空所に何が入るか
　　　　小学生四字熟語 ㊺

第5章　意味がわからないとくやしい
　　　　小学生四字熟語 ㊼

第6章　頭を使う
　　　　小学生四字熟語 ⑰

第7章　いろいろな応用問題
　　　　小学生四字熟語 ⑲

第8章　挑戦！「出口の問題」
　　　　小学生四字熟語 ⓯

　得点集計表 ⓰

　おわりに ⓰

小学生四字熟語意味編 ⓱

第1章

●書けないと恥をかく四字熟語です。
書き取りをしながら、基本的な四字熟語を完全に頭に入れるように心がけてください。ここで学習した四字熟語が、繰り返し形を変えて出題されます。気持ちよくスタートしましょう。

書けないと恥をかく小学生四字熟語

問題 次の空欄に入る漢字を答えなさい。

★はやや難。
四字熟語の意味は171ページ。

第1回問題　　　目標8点（各1点）

① 私は[無][我][夢][中]で取り組んだ。

② 彼女は[一][心][不][乱]に練習した。

③ 新天地で[心][機][一][転]頑張る。

④ 山奥で[自][給][自][足]の生活。

⑤ 彼は[理][路][整][然]と説明した。

⑥ 神による[天][地][創][造]。

⑦ この件には[賛][否][両][論]ある。

⑧ [異][口][同][音]にほめたたえた。

⑨ [有][象][無][象]に取り囲まれた。★

⑩ [独][断][専][行]で仕事を進めた。

第1回解答　　　　月　　日

①私は**無我夢中**で取り組んだ。

②彼女は**一心不乱**に練習した。

③新天地で**心機一転**頑張る。

④山奥で**自給自足**の生活。

⑤彼は**理路整然**と説明した。

⑥神による**天地創造**。

⑦この意見には**賛否両論**ある。

⑧**異口同音**にほめたたえた。

⑨**有象無象**に取り囲まれた。

⑩**独断専行**で仕事を進めた。

まちがえたものはここに書き出す

第2回問題　　　　目標8点（各1点）

① ◻◻◻◻（タシュタヨウ）な生物界。

② 彼は◻◻◻◻（タイキバンセイ）の人物だ。

③ ◻◻◻◻（イシンデンシン）で通じ合う仲だ。

④ 同級生とは◻◻◻◻（オンシンフツウ）だ。

⑤ ◻◻◻◻（リンキオウヘン）に対応する。

⑥ ◻◻◻◻（シンショウボウダイ）に言いふらす。★

⑦ ◻◻◻◻（キシカイセイ）の一発で逆転した。

⑧ ◻◻◻◻（イチジツセンシュウ）の思いで待った。

⑨ ◻◻◻◻（テキザイテキショ）の人員配置だ。

⑩ 科学の発達は◻◻◻◻（ニッシンゲッポ）だ。

第2回解答　　　月　日

① **多種多様**な生物界。

② 彼は**大器晩成**の人物だ。

③ **以心伝心**で通じ合う仲だ。

④ 同級生とは**音信不通**だ。

⑤ **臨機応変**に対応する。

⑥ **針小棒大**に言いふらす。

⑦ **起死回生**の一発で逆転した。

⑧ **一日千秋**の思いで待った。

⑨ **適材適所**の人員配置だ。

⑩ 科学の発達は**日進月歩**だ。

点

まちがえたものはここに書き出す

第3回問題 目標8点（各1点）

① 2つの案は[大同小異]だ。

② どんな時も[油断大敵]だ。

③ 組織の[利害得失]を考えた。

④ その結果は[自業自得]だ。

⑤ [単刀直入]に申し上げます。

⑥ [前途有望]な若者たち。

⑦ どれも[同工異曲]の作品だ。★

⑧ [質疑応答]の時間を設ける。

⑨ 二人は[意気投合]した。

⑩ 彼は[開口一番]に言い放った。

第3回解答

① 2つの案は**大同小異**だ。

② どんな時も**油断大敵**だ。

③ 組織の**利害得失**を考えた。

④ その結果は**自業自得**だ。

⑤ **単刀直入**に申し上げます。

⑥ **前途有望**な若者たち。

⑦ どれも**同工異曲**の作品だ。

⑧ **質疑応答**の時間を設ける。

⑨ 二人は**意気投合**した。

⑩ 彼は**開口一番**に言い放った。

第4回問題 目標8点（各1点）

① [立][身][出][世]を誓った。

② 考え方は[千][差][万][別]だ。

③ [創][意][工][夫]を凝らす。

④ 彼は[品][行][方][正]な人物だ。

⑤ [有][名][無][実]化した制度だ。

⑥ [不][承][不][承]やることにした。★

⑦ 会見で[意][味][深][長]な発言をした。★

⑧ [取][捨][選][択]が必要だ。

⑨ [支][離][滅][裂]な意見だ。

⑩ 彼は[不][言][実][行]の男だ。

17

第4回解答

① **立身出世**を誓った。

② 考え方は**千差万別**だ。

③ **創意工夫**を凝らす。

④ 彼は**品行方正**な人物だ。

⑤ **有名無実**化した制度だ。

⑥ **不承不承**やることにした。

⑦ 会見で**意味深長**な発言をした。

⑧ **取捨選択**が必要だ。

⑨ **支離滅裂**な意見だ。

⑩ 彼は**不言実行**の男だ。

点

まちがえたものはここに書き出す

第5回問題　　　目標8点（各1点）

① 父は<ruby>一<rt>イチ</rt></ruby><ruby>意<rt>イ</rt></ruby><ruby>専<rt>セン</rt></ruby><ruby>心<rt>シン</rt></ruby>に打ち込んだ。★

② <ruby>半<rt>ハン</rt></ruby><ruby>信<rt>シン</rt></ruby><ruby>半<rt>ハン</rt></ruby><ruby>疑<rt>ギ</rt></ruby>で聞いていた。

③ そんなことは<ruby>言<rt>ゴン</rt></ruby><ruby>語<rt>ゴ</rt></ruby><ruby>道<rt>ドウ</rt></ruby><ruby>断<rt>ダン</rt></ruby>だ。★

④ <ruby>公<rt>コウ</rt></ruby><ruby>衆<rt>シュウ</rt></ruby><ruby>道<rt>ドウ</rt></ruby><ruby>徳<rt>トク</rt></ruby>を守る。

⑤ <ruby>清<rt>セイ</rt></ruby><ruby>耕<rt>コウ</rt></ruby><ruby>雨<rt>ウ</rt></ruby><ruby>読<rt>ドク</rt></ruby>の生活をしたい。

⑥ <ruby>一<rt>イチ</rt></ruby><ruby>病<rt>ビョウ</rt></ruby><ruby>息<rt>ソク</rt></ruby><ruby>災<rt>サイ</rt></ruby>で長生きする。★

⑦ <ruby>古<rt>コ</rt></ruby><ruby>今<rt>コン</rt></ruby><ruby>東<rt>トウ</rt></ruby><ruby>西<rt>ザイ</rt></ruby>変わることはない。

⑧ 会社経営に<ruby>四<rt>シ</rt></ruby><ruby>苦<rt>ク</rt></ruby><ruby>八<rt>ハッ</rt></ruby><ruby>苦<rt>ク</rt></ruby>した。

⑨ あなたとは<ruby>一<rt>イッ</rt></ruby><ruby>心<rt>シン</rt></ruby><ruby>同<rt>ドウ</rt></ruby><ruby>体<rt>タイ</rt></ruby>だ。

⑩ <ruby>一<rt>イチ</rt></ruby><ruby>期<rt>ゴ</rt></ruby><ruby>一<rt>イチ</rt></ruby><ruby>会<rt>エ</rt></ruby>を大切に。★

第5回解答　　月　　日

① 父は**一意専心**に打ち込んだ。

② **半信半疑**で聞いていた。

③ そんなことは**言語道断**だ。

④ **公衆道徳**を守る。

⑤ **晴耕雨読**の生活をしたい。

⑥ **一病息災**で長生きする。

⑦ **古今東西**変わることはない。

⑧ 会社経営に**四苦八苦**した。

⑨ あなたとは**一心同体**だ。

⑩ **一期一会**を大切に。

点

まちがえたものはここに書き出す

第6回問題　　　目標8点（各1点）

① カチョウフウゲツ（花鳥風月）を友とする。

② ゼンダイミモン（前代未聞）の事件だ。

③ 祖父はコウメイセイダイ（公明正大）な人物だ。

④ ゼッタイゼツメイ（絶体絶命）のピンチだ。

⑤ イッセキニチョウ（一石二鳥）の方法を考えた。

⑥ イッチョウイッセキ（一朝一夕）にはできない。

⑦ キドアイラク（喜怒哀楽）を共に生きていく。

⑧ ホンマツテントウ（本末転倒）な考え方だ。

⑨ 自分の作品をジガジサン（自画自賛）した。

⑩ デンコウセッカ（電光石火）の早業だった。★

第6回解答

① **花鳥風月**を友とする。

② **前代未聞**の事件だ。

③ 祖父は**公明正大**な人物だ。

④ **絶体絶命**のピンチだ。

⑤ **一石二鳥**の方法を考えた。

⑥ **一朝一夕**にはできない。

⑦ **喜怒哀楽**を共に生きていく。

⑧ **本末転倒**な考え方だ。

⑨ 自分の作品を**自画自賛**した。

⑩ **電光石火**の早業だった。

点

まちがえたものはここに書き出す

第7回問題 目標8点（各1点）

① 指導には　[信賞必罰]（シンショウヒツバツ）が重要だ。

② 彼は[一騎当千]（イッキトウセン）の人材だ。

③ [付加価値]（フカカチ）を加えた商品開発。

④ これからは[悠々自適]（ユウユウジテキ）に生きたい。★

⑤ [一挙両得]（イッキョリョウトク）で大きな利益を得た。

⑥ あなたの言動は[厚顔無恥]（コウガンムチ）だ。

⑦ 何が何でも[初志貫徹]（ショシカンテツ）だ。

⑧ [付和雷同]（フワライドウ）では刷新できない。★

⑨ [一進一退]（イッシンイッタイ）の攻防が続く。

⑩ [前人未到]（ゼンジンミトウ）の記録を打ち立てた。

第7回解答

① 指導には**信賞必罰**が重要だ。

② 彼は**一騎当千**の人材だ。

③ **付加価値**を加えた商品開発。

④ これからは**悠悠自適**に生きたい。

⑤ **一挙両得**で大きな利益を得た。

⑥ あなたの言動は**厚顔無恥**だ。

⑦ 何が何でも**初志貫徹**だ。

⑧ **付和雷同**では刷新はできない。

⑨ **一進一退**の攻防が続く。

⑩ **前人未踏**の記録を打ち立てた。

点

まちがえたものはここに書き出す

読めないと恥をかく小学生四字熟語

第2章

●読めないと恥をかく四字熟語です。特に間違えやすい読みのものを選んでみました。四字熟語を会話で使う場合、読み方を間違えていると大いに恥をかくことになります。この章で確認しておくと安心ですね。

問題 **次の□の中の漢字の読みを答えなさい。**

★はやや難。
四字熟語の意味は171ページ。

第8回問題　　　　目標9点（各1点）

① 玉石混交 の若いチーム。

② 言語道断 なやり方だ。

③ 表裏一体 の関係にある。

④ 十人十色 の作品ができた。

⑤ 不眠不休 で完成させた。

⑥ では 質疑応答 に入ります。

⑦ 縦横無尽 に駆け回った。

⑧ 快刀乱麻 を断つ。

⑨ その案には 賛否両論 あった。

⑩ 彼らは 異口同音 に反対した。★

第8回解答

月　　日

① ギョクセキコンコウの若いチーム。

② ゴンゴドウダンなやり方だ。

③ ヒョウリイッタイの関係にある。

④ ジュウニントイロの作品ができた。

⑤ フミンフキュウで完成させた。

⑥ ではシツギオウトウに入ります。

⑦ ジュウオウムジンに駆け回った。

⑧ カイトウランマを断つ。

⑨ その案にはサンピリョウロンあった。

⑩ 彼らはイクドウオンに反対した。

点

まちがえたものはここに書き出す

第9回問題　　　　目標9点（各1点）

① 急転直下、事件が解決した。

② 庶民の喜怒哀楽を描いた作品。

③ 取捨選択に迷う。

④ 今日は小春日和で暖かい。★

⑤ それは枝葉末節な問題だ。

⑥ 母は右往左往するばかりだ。

⑦ 因果関係を明らかにする。

⑧ 古今東西変わらない真実だ。

⑨ 彼は大器晩成の器だ。

⑩ 丁丁発止の論戦が続く。★

第9回解答

月　　日

① **キュウテンチョッカ**、事件が解決した。

② 庶民の**キドアイラク**を描いた作品。

③ **シュシャセンタク**に迷う。

④ 今日は**コハルビヨリ**で暖かい。

⑤ それは**シヨウマッセツ**な問題だ。

⑥ 母は**ウオウサオウ**するばかりだ。

⑦ **インガカンケイ**を明らかにする。

⑧ **ココントウザイ**変わらない真実だ。

⑨ 彼は**タイキバンセイ**の器だ。

⑩ **チョウチョウハッシ**の論戦が続く。

点

まちがえたものはここに書き出す

第10回問題　　　目標8点（各1点）

① **喜色満面**の笑みを浮かべた。

② その案なら**一挙両得**だ。

③ **千載一遇**のチャンスがきた。

④ 彼に話しても**馬耳東風**だ。

⑤ **付和雷同**で決めた結果だ。

⑥ **一期一会**の思い出。

⑦ **傍目八目**もあなどれない。★

⑧ **粉骨砕身**で協力する。★

⑨ **厚顔無恥**と言わざるを得ない。

⑩ **信賞必罰**で部下を育てる。

第10回解答

① キショクマンメンの笑みを浮かべた。

② その案ならイッキョリョウトクだ。

③ センザイイチグウのチャンスがきた。

④ 彼に話してもバジトウフウだ。

⑤ フワライドウで決めた結果だ。

⑥ イチゴイチエの思い出。

⑦ オカメハチモクもあなどれない。

⑧ フンコツサイシンで協力する。

⑨ コウガンムチと言わざるを得ない。

⑩ シンショウヒツバツで部下を育てる。

点

まちがえたものはここに書き出す

第11回問題　　目標9点（各1点）

① 彼は**一騎当千**の強者だ。

② **前人未到**の大記録を樹立した。

③ こんなことは**前代未聞**だ。

④ **悠悠自適**に暮らしたい。

⑤ **無為徒食**の生活を続ける。★

⑥ それは**起死回生**の策だった。

⑦ 誰もが**疑心暗鬼**に陥った。

⑧ それは**羊頭狗肉**というものだ。★

⑨ **七転八倒**の苦しみだった。

⑩ **一日千秋**の思いだった。

第11回解答

①彼は**イッキトウセン**の強者だ。

②**ゼンジンミトウ**の大記録を樹立した。

③こんなことは**ゼンダイミモン**だ。

④**ユウユウジテキ**に暮らしたい。

⑤**ムイトショク**の生活を続ける。

⑥それは**キシカイセイ**の策だった。

⑦誰もが**ギシンアンキ**に陥った。

⑧それは**ヨウトウクニク**というものだ。

⑨**シチテンバットウ（シッテンバットウ）**の苦しみだった。

⑩**イチジツセンシュウ**の思いだった。

第3章

●間違いを探す問題を選んでみました。
一種の書き取り問題ですが、目を惑わす漢字が並べてある分だけ、あやふやな記憶だと間違ってしまうこともあります。
また例文を挙げているものは、文の中での使い方にも気をつけましょう。

まちがい探しの小学生四字熟語

問題 次の各問に答えなさい。

★はやや難。
四字熟語の意味は 171 ページ。

第12回問題 目標9点（各1点）

●次の四字熟語で漢字の使い方の正しいのはア・イのうちどちらか。正しいものを選びなさい。

① ア 旧態依然　　イ 旧態依前

② ア 無実乾燥　　イ 無味乾燥

③ ア 傍弱無人　　イ 傍若無人

④ ア 質実豪健　　イ 質実剛健

⑤★ア 青天白日　　イ 晴天白日

⑥ ア 我田飲水　　イ 我田引水

⑦ ア 臨機応辺　　イ 臨機応変

⑧★ア 日新月歩　　イ 日進月歩

⑨ ア 千変万花　　イ 千変万化

⑩ ア 大樹晩成　　イ 大器晩成

第12回解答　　　月　　日

① ア **旧態依然** （きゅうたいいぜん）

② イ **無味乾燥** （むみかんそう）

③ イ **傍若無人** （ぼうじゃくぶじん）

④ イ **質実剛健** （しつじつごうけん）

⑤ ア **青天白日** （せいてんはくじつ）

⑥ イ **我田引水** （がでんいんすい）

⑦ イ **臨機応変** （りんきおうへん）

⑧ イ **日進月歩** （にっしんげっぽ）

⑨ イ **千変万化** （せんぺんばんか）

⑩ イ **大器晩成** （たいきばんせい）

点

まちがえたものはここに書き出す

第13回問題　　　目標8点（各2点）

●次の四字熟語で漢字の使い方の正しいものをア～エの中から選びなさい。

① ★ア 合円奇縁　　イ 合縁奇縁

　ウ 会縁奇縁　　エ 合縁期縁

② ア 海選山選　　イ 海線山線

　ウ 海千山千　　エ 海先山先

③ ア 五理霧中　　イ 五里霧中

　ウ 五利霧中　　エ 五里夢中

④ ア 朝参暮誌　　イ 朝三墓志

　ウ 朝三暮歯　　エ 朝三暮四

⑤ ★ア 漱石枕流　　イ 漱石珍流

　ウ 漱石鎮流　　エ 漱石沈流

第13回解答　　　　　　　　月　　日

① イ **合縁奇縁**（あいえんきえん）

② ウ **海千山千**（うみせんやません）

③ イ **五里霧中**（ごりむちゅう）

④ エ **朝三暮四**（ちょうさんぼし）

⑤ ア **漱石枕流**（そうせきちんりゅう）

点

まちがえたものはここに書き出す

第14回問題　　　目標8点（各2点）

●次の四字熟語で漢字の使い方の正しいものをア〜エの中から選びなさい。

① ア 機器一発　　イ 危気一発

　 ウ 鬼気一髪　　エ 危機一髪

② ア 紅顔無知　　イ 功顔夢知

　 ウ 厚顔無恥　　エ 厚巌無知

③ ア 一身一体　　イ 一進一退

　 ウ 一真一対　　エ 一伸一怠

④★ア 異味慎重　　イ 意味伸張

　 ウ 位身伸長　　エ 意味深長

⑤★ア 疑心暗記　　イ 擬心闇鬼

　 ウ 疑心暗鬼　　エ 儀心闇記

第14回解答

① エ **危機一髪** (ききいっぱつ)

② ウ **厚顔無恥** (こうがんむち)

③ イ **一進一退** (いっしんいったい)

④ エ **意味深長** (いみしんちょう)

⑤ ウ **疑心暗鬼** (ぎしんあんき)

点

まちがえたものはここに書き出す

第15回問題　　　目標8点（各2点）

●次の四字熟語で漢字の使い方の正しいものをア～エの中から選びなさい。

① ア 首尾一間　　イ 首尾一貫

　ウ 首尾一巻　　エ 首尾一冠

② ア 奇想点外　　イ 奇想転外

　ウ 奇想天外　　エ 奇想転外

③ ア 一語一会　　イ 一期一会

　ウ 一後一会　　エ 一互一会

④ ア 反信半疑　　イ 半信半疑

　ウ 半信反疑　　エ 半身反疑

⑤★ア 無我無中　　イ 無画夢中

　ウ 無外霧中　　エ 無我夢中

第15回解答

① イ **首尾一貫** (しゅびいっかん)

② ウ **奇想天外** (きそうてんがい)

③ イ **一期一会** (いちごいちえ)

④ イ **半信半疑** (はんしんはんぎ)

⑤ エ **無我夢中** (むがむちゅう)

点

まちがえたものはここに書き出す

第16回問題   目標9点(各2点)

●次の四字熟語で誤っている漢字を改めなさい。

① 急転直過

② 異句同音

③ 総意工夫

④ 絶対絶名

⑤ 自業自徳★

⑥ 羊頭句肉

⑦ 枝葉末折★

⑧ 自我自賛

⑨ 公名正大

⑩ 自故満足

第16回解答　　　月　日

① 急転直**下**（きゅうてんちょっか）

② 異**口**同音（いくどうおん）

③ **創**意工夫（そういくふう）

④ 絶**体**絶**命**（ぜったいぜつめい）

⑤ 自業自**得**（じごうじとく）

⑥ 羊頭**狗**肉（ようとうくにく）

⑦ 枝葉末**節**（しようまっせつ）

⑧ 自**画**自賛（じがじさん）

⑨ 公**明**正大（こうめいせいだい）

⑩ 自**己**満足（じこまんぞく）

点

まちがえたものはここに書き出す

第17回問題　　目標9点（各2点）

●次の四字熟語の傍線部の誤りを直しなさい。

① 自然の異変を**転変地異**という。
② むやみにひとの意見に従うことを**不和雷動**という。★
③ どうしてよいかわからないことを**五里無中**という。
④ 明るく朗らかなことを**明朗開活**という。
⑤ 社会的なことと個人的なことの区別がないことを**公私混道**という。
⑥ ひとつのことに集中して雑念のないことを**一心不覧**という。
⑦ これまで聞いたことがないことを**前代未問**という。
⑧ 古いことを学び新しい知識をひらいていくことを**温古知親**という。
⑨ 前置きもなくすぐに本題に入ることを**短刀直入**という。★
⑩ 幅広くさまざまなものに通じていることを**博学多色**という。

第17回解答　　　　　　月　日

① **天**変地異（てんぺんちい）

② **付**和雷**同**（ふわらいどう）

③ 五里**霧**中（ごりむちゅう）

④ 明朗**快**活（めいろうかいかつ）

⑤ 公私混**同**（こうしこんどう）

⑥ 一心不**乱**（いっしんふらん）

⑦ 前代未**聞**（ぜんだいみもん）

⑧ 温**故**知**新**（おんこちしん）

⑨ **単**刀直入（たんとうちょくにゅう）

⑩ 博学多**才**（はくがくたさい）

点

まちがえたものはここに書き出す

第18回問題　　目標6点（各2点）

●次の四字熟語には、それぞれ誤りが2か所ある。ア～オのそれぞれの意味に当てはまるように正しく書きなさい。

① 支給満足 □□□□（　　）

② *公園無料 □□□□（　　）

③ *水田満水 □□□□（　　）

④ 以前以後 □□□□（　　）

⑤ *真羅万生 □□□□（　　）

ア　自分の利益になるようにりくつをつけること。

イ　自分に必要なものを自分でまかなうこと。

ウ　今までに例がなく、これからもないと思われるほど並はずれたこと。

エ　自分の利益を考えず、だれにも分けへだてがないこと。

オ　宇宙に存在するすべてのものごと。

第18回解答

① **自**給**自**足 (じきゅうじそく) **イ**

② 公**平**無**私** (こうへいむし) **エ**

③ **我**田**引**水 (がでんいんすい) **ア**

④ **空**前**絶**後 (くうぜんぜつご) **ウ**

⑤ **森**羅万**象** (しんらばんしょう) **オ**

点

まちがえたものはここに書き出す

第19回問題　　目標8点（各2点）

●次の四字熟語にはそれぞれ1字誤った漢字が使われている。それを正しく直し、それがどのような意味で使われるのか、ア～キの中から適切なものを選びなさい。

① 才色兼美 □□□□ （　）

② 言語同断 □□□□ （　）

③ 大同少異 □□□□ （　）

④ 四方美人 □□□□ （　）

⑤ 奇想転外* □□□□ （　）

ア　誰に対してもいい顔をする人。

イ　思いもよらぬ奇抜なこと。

ウ　我慢強く懸命に耐え忍ぶこと。

エ　少し違っているがほぼ同じようす。

オ　言葉では言い表せないひどいさま。

カ　言うのは簡単だが行動は難しいさま。

キ　才能も容姿もそろっている女性。

第19回解答　　　　　月　日

①才色兼**備**（さいしょくけんび）**キ**

②言語**道**断（ごんごどうだん）**オ**

③大同**小**異（だいどうしょうい）**エ**

④**八**方美人（はっぽうびじん）**ア**

⑤奇想**天**外（きそうてんがい）**イ**

点

まちがえたものはここに書き出す

第20回問題　　目標8点（各2点）

●次の四字熟語について、誤っている場合は正しく直し、誤りがない場合は○を付けなさい。さらにそれぞれの意味を後のア〜オの中から選びなさい。

① 異句同音 □□□□（　）

② 心気一転★ □□□□（　）

③ 一死一生 □□□□（　）

④ 一心同体 □□□□（　）

⑤ 起死快生★ □□□□（　）

ア　何かをきっかけとして気持ちを変えること。

イ　ほとんど助かる見こみのない状態からかろうじて助かること。

ウ　多数の人が口をそろえて同じことを言うこと。

エ　異なったものが一つのもののように強く結びつくこと。

オ　絶望的な状態を立て直し、一挙に勢いを盛り返すこと。

第20回解答　　　　　月　　日

①異**口**同音（いくどうおん）**ウ**

②心**機**一転（しんきいってん）**ア**

③**九**死一生（きゅうしいっしょう）**イ**

④**〇**一心同体（いっしんどうたい）**エ**

⑤起死**回**生（きしかいせい）**オ**

点	

まちがえたものはここに書き出す

空所に何が入るか小学生四字熟語

第4章

●空所問題です。空所が一つのものと、二つのものとがありますが、空所の数が多くなるとそれだけ難易度が上がります。あやふやな知識だと正解を出すことが難しくなりますね。

空所問題を解くことによって、普段あまり使うことのない四字熟語を発見することもあります。

問題 次の各問に答えなさい。

★はやや難。
四字熟語の意味は 171 ページ。

第21回問題　　　目標9点（各1点）

●次の四字熟語の□に入る漢字をあとの語群から選んで完成させなさい。

① 天□地異

② □心暗鬼

③ 因果応□

④ 無□徒食★

⑤ 新進気□

⑥ 誇□妄想

⑦ 天□無縫

⑧ 前後□覚

⑨ □気衝天★

⑩ 奇想天□

[語群]

衣　大　外　鋭　不

意　変　為　疑　報

第21回解答

① 天**変**地異 (てんぺんちい)

② **疑**心暗鬼 (ぎしんあんき)

③ 因果応**報** (いんがおうほう)

④ 無**為**徒食 (むいとしょく)

⑤ 新進気**鋭** (しんしんきえい)

⑥ 誇**大**妄想 (こだいもうそう)

⑦ 天**衣**無縫 (てんいむほう)

⑧ 前後**不**覚 (ぜんごふかく)

⑨ **意**気衝天 (いきしょうてん)

⑩ 奇想天**外** (きそうてんがい)

点

まちがえたものはここに書き出す

第22回問題　　　目標8点（各1点）

●次の四字熟語の□に入る漢字をあとの語群から選んで完成させなさい。

① 白砂□松★

② 清廉潔□

③ 鶏口□後

④ □科玉条

⑤ □視眈眈

⑥ 南船北□

⑦ □頭狗肉

⑧ 山□水明★

⑨ □天白日

⑩ 牛飲□食★

[語群]

緑　金　銀　青　黒

白　紫　赤　牛　虎

蛇　馬　羊　猿　鳥

犬

第22回解答　　　　　月　　日

① 白砂**青**松（はくしゃせいしょう）

② 清廉潔**白**（せいれんけっぱく）

③ 鶏口**牛**後（けいこうぎゅうご）

④ **金**科玉条（きんかぎょくじょう）

⑤ **虎**視眈眈（こしたんたん）

⑥ 南船北**馬**（なんせんほくば）

⑦ **羊**頭狗肉（ようとうくにく）

⑧ 山**紫**水明（さんしすいめい）

⑨ **青**天白日（せいてんはくじつ）

⑩ 牛飲**馬**食（ぎゅいんばしょく）

点

まちがえたものはここに書き出す

第23回問題　　　目標8点（各1点）

●次の四字熟語の□□に入る漢字をあとの語群から選んで完成させなさい。

① 意気□□

② 意味□□

③ 本末□□

④ 臨機□□

⑤ □□実行

⑥ 公平□□

⑦ 一目□□

⑧ □□飛語★

⑨ 厚顔□□

⑩ □□価値

[語群]

転倒　　無私　　希少　　流言

消沈　　不明　　不言　　応変

瞭然　　無恥

第23回解答

①意気消沈（いきしょうちん）

②意味不明（いみふめい）

③本末転倒（ほんまつてんとう）

④臨機応変（りんきおうへん）

⑤不言実行（ふげんじっこう）

⑥公平無私（こうへいむし）

⑦一目瞭然（いちもくりょうぜん）

⑧流言飛語（りゅうげんひご）

⑨厚顔無恥（こうがんむち）

⑩希少価値（きしょうかち）

点

まちがえたものはここに書き出す

第24回問題　　　目標8点（各1点）

●次の四字熟語の□に入る漢字をあとの語群から選んで完成させなさい。

① 三権□□

② 意気□□

③ 優柔□□

④ 有名□□

⑤ 雨天□□

⑥ □□主義

⑦ □□始終

⑧ □□直下

⑨ 主客□□

⑩ □□大敵

[語群]

不断　　改革　　転倒　　一部

急転　　利己　　無実　　順延

在民　　油断　　分立　　投合

第24回解答

① 三権**分立** (さんけんぶんりつ)

② 意気**投合** (いきとうごう)

③ 優柔**不断** (ゆうじゅうふだん)

④ 有名**無実** (ゆうめいむじつ)

⑤ 雨天**順延** (うてんじゅんえん)

⑥ **利己**主義 (りこしゅぎ)

⑦ **一部**始終 (いちぶしじゅう)

⑧ **急転**直下 (きゅうてんちょっか)

⑨ 主客**転倒** (しゅかくてんとう)

⑩ **油断**大敵 (ゆだんたいてき)

点

まちがえたものはここに書き出す

第25回問題　　　目標8点（各2点）

●次の四字熟語の□に入る漢字をあとの語群から選んで完成させなさい。

① 日 □ □ □

② 千 □ □ □

③ 前 □ □ □

④ 自 □ □ □

⑤ 無 □ □ □

[語群]

未	万	自	聞	月
中	歩	進	化	夢
我	変	賛	代	画

第25回解答

①日**進月歩**（にっしんげっぽ）

②千**変万化**（せんぺんばんか）

③前**代未聞**（ぜんだいみもん）

④自**画自賛**（じがじさん）

⑤無**我夢中**（むがむちゅう）

点

まちがえたものはここに書き出す

第26回問題   目標9点（各1点）

●次の□の中に漢字1字を入れて、四字熟語を完成させなさい。

① 花□風月

② 羊頭□肉

③ 暗中□索

④ □戦練磨

⑤ □刀直入

⑥ 不□流行★

⑦ 破顔一□

⑧ 行雲□水★

⑨ □衣帯水★

⑩ □息吐息

第26回解答

① 花**鳥**風月 (かちょうふうげつ)

② 羊頭**狗**肉 (ようとうくにく)

③ 暗中**模**索 (あんちゅうもさく)

④ **百**戦練磨 (ひゃくせんれんま)

⑤ **単**刀直入 (たんとうちょくにゅう)

⑥ 不**易**流行 (ふえきりゅうこう)

⑦ 破顔一**笑** (はがんいっしょう)

⑧ 行雲**流**水 (こううんりゅうすい)

⑨ **一**衣帯水 (いちいたいすい)

⑩ **青**息吐息 (あおいきといき)

点

まちがえたものはここに書き出す

第27回問題   目標9点（各1点）

●次の□の中に漢数字1字を入れて、四字熟語を完成させなさい。

① □騎当□

② □日□秋

③ 海□山□

④ □載□遇

⑤ □束□文

⑥ □差□別

⑦ □寒□温 ★

⑧ □三□五

⑨ □人□色

⑩ □発□中

第27回解答

① 一騎当千（いっきとうせん）

② 一日千秋（いちじつせんしゅう）

③ 海千山千（うみせんやません）

④ 千載一遇（せんざいいちぐう）

⑤ 二束三文（にそくさんもん）

⑥ 千差万別（せんさばんべつ）

⑦ 三寒四温（さんかんしおん）

⑧ 三三五五（さんさんごご）

⑨ 十人十色（じゅうにんといろ）

⑩ 百発百中（ひゃっぱつひゃくちゅう）

点

まちがえたものはここに書き出す

第28回問題   目標9点（各1点）

●次の□の中に漢数字1字を入れて、四字熟語を完成させなさい。

① □進□退

② □挙□動

③ □世□代

④ □汁□菜★

⑤ □転□倒

⑥ □石□鳥

⑦ □刻□金

⑧ 朝□暮□

⑨ □期□会

⑩ □喜□憂

第28回解答

月　日

① 一進一退（いっしんいったい）

② 一挙一動（いっきょいちどう）

③ 一世一代（いっせいちだい）

④ 一汁一菜（いちじゅういっさい）

⑤ 七転八倒（しちてんばっとう）

⑥ 一石二鳥（いっせきにちょう）

⑦ 一刻千金（いっこくせんきん）

⑧ 朝三暮四（ちょうさんぼし）

⑨ 一期一会（いちごいちえ）

⑩ 一喜一憂（いっきいちゆう）

点

まちがえたものはここに書き出す

第29回問題 目標9点（各1点）

●次の□にはそれぞれ同じ漢字が入る。その漢字を答えて四字熟語を完成させなさい。

① □老□死

② 以□伝□

③ □由□在

④ 四□八□

⑤ □身□霊

⑥ □材□所

⑦ □事□難★

⑧ □心□意

⑨ □眠□休

⑩ 右□左□

第29回解答

① **不**老**不**死 (ふろうふし)

② 以**心**伝**心** (いしんでんしん)

③ **自**由**自**在 (じゆうじざい)

④ 四**苦**八**苦** (しくはっく)

⑤ **全**身**全**霊 (ぜんしんぜんれい)

⑥ **適**材**適**所 (てきざいてきしょ)

⑦ **多**事**多**難 (たじたなん)

⑧ **誠**心**誠**意 (せいしんせいい)

⑨ **不**眠**不**休 (ふみんふきゅう)

⑩ 右**往**左**往** (うおうさおう)

点

まちがえたものはここに書き出す

第30回問題   目標9点（各1点）

●次の□にはそれぞれ同じ漢字が入る。その漢字を答えて四字熟語を完成させなさい。

① □暴□棄

② □信□疑

③ □画□賛

④ □種□様

⑤ □□怪怪

⑥ □業□得

⑦ □存□栄

⑧ □理□論★

⑨ □給□足

⑩ □頭□尾

第30回解答　　　　　月　　日

① **自**暴**自**棄（じぼうじき）

② **半**信**半**疑（はんしんはんぎ）

③ **自**画**自**賛（じがじさん）

④ **多**種**多**様（たしゅたよう）

⑤ **奇奇**怪怪（ききかいかい）

⑥ **自**業**自**得（じごうじとく）

⑦ **共**存**共**栄（きょうぞんきょうえい）

⑧ **空**理**空**論（くうりくうろん）

⑨ **自**給**自**足（じきゅうじそく）

⑩ **徹**頭**徹**尾（てっとうてつび）

点

まちがえたものはここに書き出す

第31回問題　　目標7点（各1点）

●次の語やことわざとほぼ同じ意味の四字熟語をア〜ケの中から選びなさい。

① 変幻自在　② 青菜に塩★
③ 身から出たさび　④ ぬれ手にあわ
⑤ どんぐりの背比べ　⑥ 鯉の滝登り

ア 優柔不断　イ 不老長寿　ウ 神出鬼没
エ 一攫千金　オ 自業自得　カ 大同小異
キ 意気消沈　ク 臨機応変　ケ 立身出世

⑦「馬耳東風」と同じ意味のことわざを答えなさい。★（2点）

□□□に□□。

⑧「才気煥発」に近い意味の慣用表現を答えなさい。（2点）

□から□へ□ける。

第31回解答　　　　　月　　日

① ウ **神出鬼没**（しんしゅつきぼつ）

② キ **意気消沈**（いきしょうちん）

③ オ **自業自得**（じごうじとく）

④ エ **一攫千金**（いっかくせんきん）

⑤ カ **大同小異**（だいどうしょうい）

⑥ ケ **立身出世**（りっしんしゅっせ）

⑦ （ばじとうふう）**馬の耳に念仏。**

⑧ （さいきかんぱつ）**目から鼻へ抜ける。**

まちがえたものはここに書き出す

第32回問題　　目標8点（各2点）

●次の四字熟語の□に漢字を補い、あとの例文ア〜コから適当なものを選びなさい。

① 晴□雨読（　）② 以□伝心（　）
③ □刀直入（　）④ 異□同音（　）
⑤ □朝□夕（　）

[例文]

ア □□□□で友人の看病をした。
イ 郷里に帰り□□□□の生活をしている。
ウ 攻撃力は貧弱だが□□□□につっこんだ。
エ □□□□に受け答えする。
オ 真の力をつけるには□□□□にはいかない。
カ 楽団員は□□□□でないといけない。
キ 時間がないので□□□□に言おう。
ク その決定にみんな□□□□に反対した。
ケ この秋は□□□□で50冊読破しよう。
コ 長年の付き合いの彼とは□□□□の仲だ。

第32回解答

① 晴**耕**雨読（せいこううどく）**イ**

② 以**心**伝心（いしんでんしん）**コ**

③ **単**刀直入（たんとうちょくにゅう）**キ**

④ 異**口**同音（いくどうおん）**ク**

⑤ 一朝一夕（いっちょういっせき）**オ**

点

まちがえたものはここに書き出す

第33回問題　　　目標8点（各2点）

●次の四字熟語の□に漢字を補い、あとの例文ア～コの中から適当なものを選びなさい。

①切磋琢□（　）②付□雷同（　）

③時期□早（　）④針□棒大（　）

⑤大言□語（　）

[例文]

ア　□□□□の彼はほら吹きと言われている。

イ　小さな傷から□□□□になることもある。

ウ　あの人の話は□□□□でためになる。

エ　彼はいつも人の意見に□□□□する。

オ　寒い冬の日は□□□□が吹く。

カ　彼はなにごとも□□□□に言う。

キ　その計画を実行するのは□□□□だ。

ク　□□□□して共に目標をめざす。

ケ　反対するグループでも□□□□でいこう。

コ　部長の指示に□□□□従った。

第33回解答　　　　　　　月　　日

①切磋琢**磨**（せっさたくま）**ク**

②付**和**雷同（ふわらいどう）**エ**

③時期**尚**早（じきしょうそう）**キ**

④針**小**棒大（しんしょうぼうだい）**カ**

⑤大言**壮**語（たいげんそうご）**ア**

|点|まちがえたものはここに書き出す|

第34回問題   目標8点（各2点）

●次の四字熟語の□に漢字を補い、あとの例文ア～コの中から適当なものを選びなさい。

① 五□霧□（　）　② 二□□文（　）
③ □始□貫（　）　④ □者択□（　）
⑤ □機□変（　）

[例文]
ア 高価だった宅地がバブルがはじけて□□□□になった。
イ 彼は□□□□でどこにでも現われる。
ウ □□□□で手早く仕事を終えた。
エ トーナメント戦は□□□□で決まる。
オ 新春セールで靴が□□□□で買えた。
カ あの人の行動は□□□□している。
キ これかそれかの□□□□だった。
ク 事故の状況によって□□□□に対処する。
ケ 私たちは□□□□でクイズを解いた。
コ 方法もわからず□□□□の状態だった。

第34回解答　　　　　月　日

① 五**里**霧**中**（ごりむちゅう）**コ**

② **二**束**三**文（にそくさんもん）**ア**

③ **終**始一貫（しゅういっかん）**カ**

④ **二**者択**一**（にしゃたくいつ）**キ**

⑤ **臨**機**応**変（りんきおうへん）**ク**

点

まちがえたものはここに書き出す

第35回問題　　　目標8点（各2点）

●次の四字熟語の□に漢字を補い、あとの例文ア〜コの中から適当なものを選びなさい。

① □面□歌（　）② 空□絶□（　）
③ □末転□（　）④ □給□足（　）
⑤ 意□投□（　）

[例文]
ア 受験のためだけの勉強は□□□だ。
イ □□□□のやさしい歌声が聞こえてくる。
ウ 初めて会ったのにすぐに□□□□した。
エ その告白は□□□□の大事件に発展した。
オ 遠くに住む兄に□□□□を祈った。
カ □□□□で重心が狂ってしまった。
キ 自然に囲まれ□□□□の生活を送る。
ク 後戻りはできない□□□□の心境だ。
ケ 収入に見合った□□□□の生活が重要だ。
コ 誰からも相手にされず□□□□の状態になった。

第35回解答

①四面楚歌（しめんそか）コ

②空前絶後（くうぜんぜつご）エ

③本末転倒（ほんまつてんとう）ア

④自給自足（じきゅうじそく）キ

⑤意気投合（いきとうごう）ウ

点

まちがえたものはここに書き出す

第5章

意味がわからないとくやしい小学生四字熟語

●意味を理解しているかどうかの問題ですが、実はこの章が本書の中核となるものです。なぜなら、四字熟語は意味を知ってこそ、初めて自在に使いこなすことができるようになるからです。

単なる意味だけでなく、実際にどのような場面で使ったら効果的なのかも合わせて学習してください。

問題 **次の各問に答えなさい。**

★はやや難。
四字熟語の意味は 171 ページ。

第36回問題　　目標9点（各1点）

●次の四字熟語の意味として適当なものを選びなさい。

① 千差万別（　）　② 切磋琢磨（　）

③ 時代錯誤（　）　④ 千載一遇（　）

⑤ 暗中模索（　）　⑥ 日進月歩（　）

⑦ 言語道断（　）　⑧ 画竜点睛（　）★

⑨ 優柔不断（　）　⑩ 十人十色（　）

[意味]
ア　物を完成させるための最後の仕上げ。
イ　手がかりのないままに探すこと。
ウ　今の時代に合わないこと。
エ　道徳や学問に勤め励んでやまないこと。
オ　多くのものがそれぞれ違っていること。
カ　めったに出会うことがない良い機会。
キ　とんでもなくひどいこと。
ク　考え方がそれぞれ違うこと。
ケ　ぐずぐずしていて決断力がないこと。
コ　絶えず進歩発展していること。

第36回解答

① (せんさばんべつ) **オ**

② (せっさたくま) **エ**

③ (じだいさくご) **ウ**

④ (せんざいいちぐう) **カ**

⑤ (あんちゅうもさく) **イ**

⑥ (にっしんげっぽ) **コ**

⑦ (ごんごどうだん) **キ**

⑧ (がりょうてんせい) **ア**

⑨ (ゆうじゅうふだん) **ケ**

⑩ (じゅうにんといろ) **ク**

点

まちがえたものはここに書き出す

第37回問題　　　　目標9点（各1点）

●次の四字熟語の意味として適当なものを選びなさい。

① 傍若無人（　）　② 馬耳東風（　）

③ 一日千秋（　）　④ 起死回生（　）

⑤ 単刀直入（　）　⑥ 当意即妙（　）

⑦ 公平無私（　）　⑧ 針小棒大（　）

⑨ 前人未到（　）　⑩ 荒唐無稽（　）

［意味］
ア　前置きもなくいきなり本題に入ること。
イ　小さなことを大きく言うこと。
ウ　死にそうなところを生き返らせること。
エ　自分勝手で気ままにふるまうこと。
オ　その場の判断でものごとを進めること。
カ　誰もまだやったことのないこと。
キ　待ち焦がれる気持ちの激しいこと。
ク　人の意見などを聞き流すこと。
ケ　でたらめで、まったく現実味がないこと。
コ　公平で偏ることなく利己心がないこと。

第37回解答

① (ぼうじゃくぶじん) **エ**

② (ばじとうふう) **ク**

③ (いちじつせんしゅう) **キ**

④ (きしかいせい) **ウ**

⑤ (たんとうちょくにゅう) **ア**

⑥ (とういそくみょう) **オ**

⑦ (こうへいむし) **コ**

⑧ (しんしょうぼうだい) **イ**

⑨ (ぜんじんみとう) **カ**

⑩ (こうとうむけい) **ケ**

点

まちがえたものはここに書き出す

第38回問題　　　目標9点（各1点）

●次の四字熟語の意味として適当なものを選びなさい。

① 意気揚揚（　）　② 疑心暗鬼（　）

③ 絶体絶命（　）　④ 前代未聞（　）

⑤ 完全無欠（　）　⑥ 気宇壮大（　）

⑦ 自画自賛（　）　⑧ 以心伝心（　）

⑨ 大同小異（　）　⑩ 不言実行（　）

[意味]
ア　得意で誇らしそうなようす。
イ　とても珍しいこと。
ウ　欠けたところがなく全てそろっていること。
エ　自分で自分のことをほめること。
オ　心構えが大きく立派なこと。
カ　ほとんど同じで大した差のないこと。
キ　何でもないことまで不審に感じること。
ク　口に出さなくても気持ちが通じること。
ケ　あれこれ言わず黙って信ずることを行うこと。
コ　どうすることもできないさしせまった状態。

第38回解答　　　月　　日

① （いきようよう）**ア**

② （ぎしんあんき）**キ**

③ （ぜったいぜつめい）**コ**

④ （ぜんだいみもん）**イ**

⑤ （かんぜんむけつ）**ウ**

⑥ （きうそうだい）**オ**

⑦ （じがじさん）**エ**

⑧ （いしんでんしん）**ク**

⑨ （だいどうしょうい）**カ**

⑩ （ふげんじっこう）**ケ**

点

まちがえたものはここに書き出す

第39回問題　　　目標9点（各1点）

●次の四字熟語の意味として適当なものを選びなさい。

① 一喜一憂（　）　② 一長一短（　）

③ 一汁一菜（　）　④ 一世一代（　）

⑤ 一進一退（　）　⑥ 一言一句（　）

⑦ 一挙一動（　）　⑧ 一朝一夕（　）

⑨ 一石二鳥（　）　⑩ 唯一無二（　）

[意味]
ア　ひとつひとつの動作。
イ　うれしく思ったり心配したりすること。
ウ　ほんのわずかな言葉。
エ　よくなったり悪くなったりすること。
オ　一つのことで二つの利を得ること。
カ　よいところも悪いところもあること。
キ　質素な食事のこと。
ク　それ一つしかなく、ほかにないこと。
ケ　一生に一度のこと。
コ　短い時間のこと。

第39回解答　　　　　　　月　　日

① (いっきいちゆう) **イ**

② (いっちょういったん) **カ**

③ (いちじゅういっさい) **キ**

④ (いっせいちだい) **ケ**

⑤ (いっしんいったい) **エ**

⑥ (いちごんいっく) **ウ**

⑦ (いっきょいちどう) **ア**

⑧ (いっちょういっせき) **コ**

⑨ (いっせきにちょう) **オ**

⑩ (ゆいいつむに) **ク**

点

まちがえたものはここに書き出す

第40回問題　　　目標9点（各1点）

●次の四字熟語の□に適当な漢字を書き入れ、意味としてふさわしいものを選びなさい。

① □意□面（　） ② □風□帆（　）★

③ □意□夫（　） ④ 前□□難（　）

⑤ □行□正（　） ⑥ □□無恥（　）

⑦ 弱□強□（　） ⑧ 他力□□（　）

⑨ □□鬼没（　） ⑩ □三□四（　）★

[意味]
ア　先に多くの困難が待ち受けていること。
イ　方法や手段などを新しく考え出すこと。
ウ　行いがしっかりしていて間違いがないこと。
エ　弱いものが強いものの餌食になること。
オ　自由自在に現れたり消えたりすること。
カ　誇らしそうな気持ちが顔中に表れていること。
キ　物事がうまく運ぶこと。
ク　努力せず他人ばかりを当てにすること。
ケ　何度も繰り返すこと。
コ　恥知らずでずうずうしいこと。

第40回解答　　　月　　日

① 得意満面（とくいまんめん）カ

② 順風満帆（じゅんぷうまんぱん）キ

③ 創意工夫（そういくふう）イ

④ 前途多難（ぜんとたなん）ア

⑤ 品行方正（ひんこうほうせい）ウ

⑥ 厚顔無恥（こうがんむち）コ

⑦ 弱肉強食（じゃくにくきょうしょく）エ

⑧ 他力本願（たりきほんがん）ク

⑨ 神出鬼没（しんしゅつきぼつ）オ

⑩ 再三再四（さいさんさいし）ケ

点

まちがえたものはここに書き出す

第41回問題　　目標9点（各1点）

● 次の四字熟語の□に適当な漢字を書き入れ、意味としてふさわしいものを選びなさい。

① □暴□棄（　）　② 一□□発（　）

③ □耕□読（　）　④ 温□知□（　）

⑤ 海□山□（　）　⑥ □果□報（　）

⑦ 南□北□（　）★　⑧ □飲馬□（　）

⑨ □真爛□（　）　⑩ □意専□（　）

[意味]
ア　わき目もふらず何かをすること。
イ　たくさん飲み、たくさん食べること。
ウ　わずかなきっかけで大事になりそうな状況。
エ　古いことを研究して新しいものを発見すること。
オ　行いに応じてふさわしい報いがあること。
カ　世のなかのことに通じ悪賢いこと。
キ　なげやりになること。やぶれかぶれ。
ク　自由に楽しみながら日々を送ること。
ケ　飾ったりせずありのままであること。
コ　あちこちをせわしく旅すること。

第41回解答　　　　　　　月　　日

① 自暴自棄（じぼうじき）　キ

② 一触即発（いっしょくそくはつ）　ウ

③ 晴耕雨読（せいこううどく）　ク

④ 温故知新（おんこちしん）　エ

⑤ 海千山千（うみせんやません）　カ

⑥ 因果応報（いんがおうほう）　オ

⑦ 南船北馬（なんせんほくば）　コ

⑧ 牛飲馬食（ぎゅういんばしょく）　イ

⑨ 天真爛漫（てんしんらんまん）　ケ

⑩ 一意専心（いちいせんしん）　ア

点

まちがえたものはここに書き出す

第42回問題　　　目標7点（各1点）

●次の四字熟語の□に適当な漢字を書き入れ、意味として
　ふさわしいものを選びなさい。

① □戦□闘（　）　② □□太平（　）

③ 一望□□（　）　④ □寒□温（　）

⑤ □拝□拝（　）　⑥ □転□倒（　）

⑦ □人□脚（　）　⑧ □話□題（　）★

⑨ □刻□金（　）　⑩ □臓□腑（　）

[意味]
ア　苦しさのあまり転げまわること。
イ　何度も何度もおがむこと。
ウ　ずっと遠くまで見渡せること。
エ　両者が協力して物事を行うこと。
オ　それはさておき。本題に戻ること。
カ　困難な中で乗り切るために努力
　　すること。
キ　わずかな時間だがとても価値が
　　あること。
ク　腹の中。心の中。
ケ　冬に3日ばかり寒いと、次に暖
　　かくなること。
コ　世の中が穏やかでおさまってい
　　ること。

第42回解答　　　月　日

① **悪**戦**苦**闘（あくせんくとう）**カ**

② **天下**太平（てんかたいへい）**コ**

③ 一望**千里**（いちぼうせんり）**ウ**

④ 三**寒**四温（さんかんしおん）**ケ**

⑤ 三**拝九**拝（さんぱいきゅうはい）**イ**

⑥ **七**転**八**倒（しちてんばっとう）**ア**

⑦ **二人三**脚（ににんさんきゃく）**エ**

⑧ **閑**話**休**題（かんわきゅうだい）**オ**

⑨ 一刻**千**金（いっこくせんきん）**キ**

⑩ **五**臓**六**腑（ごぞうろっぷ）**ク**

点

まちがえたものはここに書き出す

102

第43回問題　　目標9点（各1点）

●次の四字熟語の□に適当な漢字を書き入れ、意味として
ふさわしいものを選びなさい。

① □断□敵（　）　② 竜□蛇□（　）

③ □名□実（　）　④ 縦□□尽（　）

⑤ 古□□双（　）★　⑥ □後□覚（　）

⑦ □羅万□（　）　⑧ 羊□狗□（　）★

⑨ 抱□□倒（　）　⑩ □客□来（　）

[意味]
ア　自由自在、思う存分。
イ　昔から今まで並ぶものがない。
ウ　名ばかりで実質が伴わないこと。
エ　大笑いすること。
オ　見かけは立派だが内容が伴わないこと。
カ　何が起こったのか正しい判断ができないこと。
キ　気をゆるめると危険な目にあったり失敗したりすること。
ク　宇宙に存在するすべてのものごと。
ケ　客が次から次にやってくること。
コ　初めは盛んだが最後は振るわないこと。

第43回解答

① 油断大敵（ゆだんたいてき）キ

② 竜頭蛇尾（りゅうとうだび）コ

③ 有名無実（ゆうめいむじつ）ウ

④ 縦横無尽（じゅうおうむじん）ア

⑤ 古今無双（ここんむそう）イ

⑥ 前後不覚（ぜんごふかく）カ

⑦ 森羅万象（しんらばんしょう）ク

⑧ 羊頭狗肉（ようとうくにく）オ

⑨ 抱腹絶倒（ほうふくぜっとう）エ

⑩ 千客万来（せんきゃくばんらい）ケ

点

まちがえたものはここに書き出す

第44回問題　　　　　目標9点（各1点）

●次の四字熟語の二つの□に反対になる漢字を書き入れ、四字熟語を完成させなさい。

① 空□絶□

② 起□回□

③ □耕□読

④ □船□馬

⑤ □往□往

⑥ □工□曲★

●次の四字熟語の二つの□には対になる漢字が入る。ふさわしい組み合わせを語群から選びなさい。

⑦ 針□棒□

⑧ □奔□走

⑨ 驚□動□

⑩ □魂□才

[語群]

ア 東西　　イ 前後

ウ 和洋　　エ 内外

オ 天地　　カ 大小

第44回解答

① 空**前**絶**後** (くうぜんぜつご)

② 起**死**回**生** (きしかいせい)

③ **晴**耕**雨**読 (せいこううどく)

④ **南**船**北**馬 (なんせんほくば)

⑤ **右**往**左**往 (うおうさおう)

⑥ **同**工**異**曲 (どうこういきょく)

⑦ カ 針**小**棒**大** (しんしょうぼうだい)

⑧ ア 東**奔**西**走** (とうほんせいそう)

⑨ オ 驚**天**動**地** (きょうてんどうち)

⑩ ウ 和**魂**洋**才** (わこんようさい)

点

まちがえたものはここに書き出す

106

第45回問題　　　　目標9点（各1点）

●次の四字熟語と似た意味を持つものを、あとの語群から選びなさい。

① 一切合財（　）　② 一網打尽（　）

③ 一石二鳥（　）　④ 自業自得（　）

⑤ 徹頭徹尾（　）　⑥ 右往左往（　）

⑦ 一意専心（　）　⑧ 一件落着（　）

⑨ 危機一髪（　）　⑩ 真実一路（　）

[語群]

ア　身から出たさび　　イ　一挙両得

ウ　全員検挙　　　　　エ　没頭する

オ　何もかも　　　　　カ　終始一貫

キ　円満解決　　　　　ク　絶体絶命

ケ　うろたえる　　　　コ　正直一徹

第45回解答

① **オ** (いっさいがっさい)

② **ウ** (いちもうだじん)

③ **イ** (いっせきにちょう)

④ **ア** (じごうじとく)

⑤ **カ** (てっとうてつび)

⑥ **ケ** (うおうさおう)

⑦ **エ** (いちいせんしん)

⑧ **キ** (いっけんらくちゃく)

⑨ **ク** (ききいっぱつ)

⑩ **コ** (しんじついちろ)

点

まちがえたものはここに書き出す

第46回問題　　目標9点（各1点）

●次の四字熟語の□には「し」と読む漢字が入る。あとの語群から適当なものを選びなさい。

① 起□回生
② 公平無□
③ 明鏡□水★
④ □離滅裂
⑤ □捨五入
⑥ 白□撤回
⑦ 滅□奉公
⑧ 意□薄弱
⑨ 私利□欲
⑩ 虎□眈眈★

[語群]

四　　子　　死　　私　　紙

志　　視　　支　　止　　姿

史　　枝　　司

第46回解答　　　　　月　　日

① 起**死**回生（きしかいせい）

② 公平無**私**（こうへいむし）

③ 明鏡**止**水（めいきょうしすい）

④ **支**離滅裂（しりめつれつ）

⑤ **四**捨五入（ししゃごにゅう）

⑥ 白**紙**撤回（はくしてっかい）

⑦ 滅**私**奉公（めっしほうこう）

⑧ 意**志**薄弱（いしはくじゃく）

⑨ **私**利私欲（しりしよく）

⑩ 虎**視**眈眈（こしたんたん）

点

まちがえたものはここに書き出す

第47回問題   目標8点（各2点）

●次の①〜⑤は四字熟語を文にしたものです。当てはまる四字熟語を答えなさい。

① 名ありて実なし。

② 故（ふる）きをあたためて新しきを知る。

③ 口をことにし、音を同じくす。

④ 意を用いること、あまねくいたる。★

⑤ 心をもって心を伝う。

① ☐☐☐☐

② ☐☐☐☐

③ ☐☐☐☐

④ ☐☐☐☐

⑤ ☐☐☐☐

第47回解答

① **有名無実** (ゆうめいむじつ)

② **温故知新** (おんこちしん)

③ **異口同音** (いくどうおん)

④ **用意周到** (よういしゅうとう)

⑤ **以心伝心** (いしんでんしん)

点

まちがえたものはここに書き出す

第48回問題　　　　目標8点（各2点）

●次のア～コの四字熟語の左右の□に同じ漢字が入るものを5つ選びなさい。

ア　金□玉条──電光石□

イ　疑心暗□──□想天外

ウ　□義名分──気宇壮□

エ　□衣無縫──不倶戴□

オ　□機一転──□進気鋭

カ　竜頭蛇□──□尾一貫

キ　□挙両得──挙国□致

ク　□天白日──□耕雨読

ケ　□耳東風──南船北□

コ　□差万別──□変万化

① (　)　② (　)　③ (　)

④ (　)　⑤ (　)　　　（順序は問わない）

第48回解答　　　　　　月　　日

① **ウ** （たいぎめいぶん——きうそうだい）

② **エ** （てんいむほう——ふぐたいてん）

③ **キ** （いっきょりょうとく——きょこくいっち）

④ **ケ** （ばじとうふう——なんせんほくば）

⑤ **コ** （せんさばんべつ——せんぺんばんか）

点

まちがえたものはここに書き出す

第49回問題　　　　目標8点（各1点）

●次のア～クの四字熟語のそれぞれ二番目の□が前の□より「一」多くなるものを5つ選び、□に入る漢字を答え、小さな順から並べなさい。

ア　□発□中

イ　□転□倒

ウ　朝□暮□

エ　□苦□苦

オ　□喜□憂

カ　□石□鳥

キ　□捨□入

ク　□束□文

第49回解答

(四字熟語完成各1点、順序合っているところまで1点ずつ加算)

① カ 一石二鳥 (いっせきにちょう)

② ク 二束三文 (にそくさんもん)

③ ウ 朝三暮四 (ちょうさんぼし)

④ キ 四捨五入 (ししゃごにゅう)

⑤ イ 七転八倒 (しちてんばっとう)

点

まちがえたものはここに書き出す

第6章

●頭を使う四字熟語です。

単に記憶していれば解ける問題ではなく、ひとひねりしているので、ある程度頭を使わないと正解を導けません。

本章で四字熟語のおもしろさ、深さが少しは実感できると思います。

問題 **次の各問に答えなさい。**

★はやや難。
四字熟語の意味は 171 ページ。

第50回問題　　　目標8点（各2点）

●次の四字熟語や慣用句・ことわざの□には漢数字が入る。ア・イの□の合計を算用数字で答えなさい。

① ア　□寸の虫にも□分の魂。

　イ　□発□中。

② ア　□を聞いて□を知る。

　イ　□客□来。

③ ア　石の上にも□年。

　イ　□寒□温。

④ ア　仏の顔も□度まで。

　イ　□足□文。

⑤ ア　夏も近づく□十□夜。

　イ　□人□色。

① [　　]　② [　　]　③ [　　]

④ [　　]　⑤ [　　]

第50回解答

① **ア** 一寸の虫にも**五**分の魂。
イ **百**発**百**中（ひゃっぱつひゃくちゅう）。
206

② **ア** **一**を聞いて**十**を知る。
イ **千**客**万**来（せんきゃくばんらい）。
11011

③ **ア** 石の上にも**三**年。
イ **三**寒**四**温（さんかんしおん）。
10

④ **ア** 仏の顔も**三**度まで。
イ **二**束**三**文（にそくさんもん）。
8

⑤ **ア** 夏も近づく**八十八**夜。
イ **十**人**十**色（じゅうにんといろ）。
36

点

まちがえたものはここに書き出す

第51回問題　　　目標5点（各5点）

●次の四字熟語の□に漢数字を入れ、足し算をしてその日が何の日か答えなさい。

① 　　　□捨□入

　　＋□網打尽
　　─────
　　　　□月□日

答　□□□の日

② 　　　□進□退

　　　　□長□短

　　　　□方美人

　　　　□心不乱

　　＋危機□髪
　　─────
　　　　□月□日

答　□□の日

第51回解答

① **四**捨**五**入（ししゃごにゅう）

　一網打尽（いちもうだじん）

　5月5日　こどもの日

② **一**進**一**退（いっしんいったい）

　一長**一**短（いっちょういったん）

　八方美人（はっぽうびじん）

　一心不乱（いっしんふらん）

　危機**一**髪（ききいっぱつ）

　11月3日　文化の日

第52回問題　　目標5点（各5点）

●次の□の中に入る1字または2字の漢字を答え、その漢字を2字以上使ってエの意味になるような四字熟語を答えなさい。

①

ア 授業中は□□をつつしみなさい。

イ 青信号で□□を横断する。

ウ 台風で交通手段が□たれた。

エ 言葉では言い表せないほどひどいこと。

②

ア □□のけじめをつけなさい。

イ 先見の□がある。

ウ アナウンサーの□□な発音。

エ 公平でやましいところがなく堂々としていること。

第52回解答　　月　日

①

ア 私語　　イ 道路　　ウ 断

言語道断（ごんごどうだん）

②

ア 公私　　イ 明　　ウ 正確

公明正大（こうめいせいだい）

点

まちがえたものはここに書き出す

第53回問題　　　目標8点（各2点）

●次の四字熟語の□に入る漢字を2つずつ組み合わせてできる、2つの熟語を答えなさい。

(1)　□前絶後　　公衆□徳

　　　理□整然　　奇想□外

①□□　　②□□

(2)　有名無□　　□行方正

　　　一心同□　　意□投合

③□□　　④□□

●次の四字熟語で□に同じ漢字が入らないものを1つ選び、正しい四字熟語を答えなさい。

ア　□眠□休　　イ　□信□疑

ウ　□体□命　　エ　□我□中

⑤□□□□

第53回解答

① **天空**

② **道路**

③ **実体**

④ **気品** (以上、順序は問わない)

⑤ **無**我**夢**中 (むがむちゅう)

● そのほかの四字熟語は、

ア **不**眠**不**休 (ふみんふきゅう)

イ **半**信**半**疑 (はんしんはんぎ)

ウ **絶**体**絶**命 (ぜったいぜつめい)

点

まちがえたものはここに書き出す

第54回問題　　　　目標8点（各2点）

●次の四字熟語について、あとの問いに答えなさい。

ア □石□鳥　　　イ □進□退
ウ □差□別　　　エ □日□秋
オ □苦□苦　　　カ □人□色
キ 唯□無□　　　ク □騎当□
ケ 朝□暮□　　　コ □転□倒

① アの2つの□には「一」と「二」が入る（一石二鳥）。同じように「一」と「二」が入るものを答えなさい。

② また、①と同様に同じ数字の組み合わせからなる四字熟語を2つ答えなさい。

③ 2つの□を足して一番大きな数になるものを答えなさい。

④ 2つの□が異なる数字の組み合わせで、偶数同士の中で合計が二番目に大きな数になるものを答えなさい。

① □□□□
② □□□□　　□□□□
③ □□□□
④ □□□□

第54回解答

① キ 唯一無二 (ゆいいつむに)

② イ 一進一退 (いっしんいったい)

　カ 十人十色 (じゅうにんといろ)

③ ウ 千差万別 (せんさばんべつ)

④ オ 四苦八苦 (しくはっく)

●そのほかの四字熟語は、

エ 一日千秋 (いちじつせんしゅう)

ク 一騎当千 (いっきとうせん)

ケ 朝三暮四 (ちょうさんぼし)

コ 七転八倒 (しちてんばっとう)

点

まちがえたものはここに書き出す

第7章

いろいろな応用問題

●さらに四字熟語の応用問題が続きます。今まで学習した四字熟語を習得していることが前提で、一工夫された問題を解いていきましょう。

漢字を使って考えることのおもしろさを味わうことができるはずです。

特に四字熟語をどのような場面で使うかに注意を向けてください。

問題 **次の各問に答えなさい。**

★はやや難。
四字熟語の意味は171ページ。

第55回問題　　　目標8点（各2点）

●次の16字の漢字を使って四字熟語を4つ作りなさい。

雲	東	止	白
天	鏡	消	耳
馬	散	青	明
霧	日	水	風

① □□□□　　② □□□□

③ □□□□　　④ □□□□

（順序は問わない）

●次の四字熟語の□に入る漢字を並べ替えるとできる四字熟語を答えなさい。

ア　利害□失　　イ　□国一致

ウ　□目瞭然　　エ　一刀□断

⑤ □□□□

第55回解答

① **青天白日** (せいてんはくじつ)

② **明鏡止水** (めいきょうしすい)

③ **雲散霧消** (うんさんむしょう)

④ **馬耳東風** (ばじとうふう)

⑤ **一挙両得** (いっきょりょうとく)

●四字熟語とその読みは、

ア 利害**得**失 (りがいとくしつ)

イ **挙**国一致 (きょこくいっち)

ウ 一目瞭然 (いちもくりょうぜん)

エ 一刀**両**断 (いっとうりょうだん)

点

まちがえたものはここに書き出す

第56回問題　　目標5点（各5点）

●次の漢字を組み合わせると、4つの四字熟語ができる。あとのア〜ウの意味を持つものを除いた残りの四字熟語を答えなさい。

① 入　雷　成　刀
　 転　器　一　付
　 晩　単　心　大
　 和　機　同　直

ア　前置きがなく、すぐに問題の要点に入ること。
イ　ただやみくもに他人の言動に賛同すること。
ウ　大人物は才能が開花するのが遅いこと。

② 周　音　意　口
　 前　我　後　水
　 引　異　用　空
　 到　絶　同　田

ア　多くの人が口をそろえて同じことを言うこと。
イ　自分の利益になるような強引な言動のこと。
ウ　過去にも未来にも無いようなごくまれなこと。

第56回解答

①心機一転 (しんきいってん)

●ほかの四字熟語は、

単刀直入 (たんとうちょくにゅう)

付和雷同 (ふわらいどう)

大器晩成 (たいきばんせい)

②用意周到 (よういしゅうとう)

●ほかの四字熟語は、

異口同音 (いくどうおん)

我田引水 (がでんいんすい)

空前絶後 (くうぜんぜつご)

点

まちがえたものはここに書き出す

第57回問題　　　目標8点（各2点）

●次の四字熟語の□に語群の漢数字を入れると完成するものがある。その四字熟語以外を5つ答えなさい。

ア　□差□別　　　イ　□日□秋

ウ　□苦□苦　　　エ　□里□中

オ　□方□人　　　カ　□転□倒

キ　□石□鳥　　　ク　□挙□得

ケ　□人□色　　　コ　□心□乱

サ　□触□発　　　シ　□喜□憂

ス　□載□遇　　　セ　□世□代

[語群]

一　二　三　四　五　七

八　九　十　百　千　万

①（　エ　）　②（　オ　）　③（　ク　）

④（　コ　）　⑤（　サ　）

第57回解答　　　　　　　　月　　日

① エ　五里霧中（ごりむちゅう）
② オ　八方美人（はっぽうびじん）
③ ク　一挙両得（いっきょりょうとく）
④ コ　一心不乱（いっしんふらん）
⑤ サ　一触即発（いっしょくそくはつ）

●そのほかの四字熟語は、順に、

ア　千差万別（せんさばんべつ）
イ　一日千秋（いちじつせんしゅう）
ウ　四苦八苦（しくはっく）
カ　七転八倒（しちてんばっとう）
キ　一石二鳥（いっせきにちょう）
ケ　十人十色（じゅうにんといろ）
シ　一喜一憂（いっきいちゆう）
ス　千載一遇（せんざいいちぐう）
セ　一世一代（いっせいちだい）

点

まちがえたものはここに書き出す

第58回問題　　　　　目標6点（各2点）

●次のA群とB群の熟語を組み合わせて四字熟語を4組作りなさい。

A群　千載　一騎　東奔　百家

　　　同工　本末　意味　七転

B群　争鳴　蛇尾　千秋　地異

　　　転倒　当千　一憂　異曲

① ☐☐☐☐　　② ☐☐☐☐

② ☐☐☐☐　　④ ☐☐☐☐

●次の7枚のカードの裏面には、表面と反対の意味を表す漢字が書かれている。この中から4枚選んで並べ、四字熟語を一つ作りなさい。カードは表面・裏面どちらを使ってもよい。

⑤ ☐☐☐☐ ★

第58回解答

① **一騎当千**（いっきとうせん）

② **百家争鳴**（ひゃっかそうめい）

③ **同工異曲**（どうこういきょく）

④ **本末転倒**（ほんまつてんとう）

⑤ **薄利多売**（はくりたばい）

● 7枚のカードの裏は順に、

| 売 | 上 | 小 | 薄 |
| 損 | 多 | 死 |

点

まちがえたものはここに書き出す

第59回問題　　　目標8点（各2点）

●「一喜一憂」のように「一□一□」という四字熟語を4つ作るとき、不要な漢字を2つ選んで答えなさい。

| 喜 | 退 | 会 | 語 | 進 |
| 答 | 代 | 憂 | 世 | 期 |

①(　　)　　②(　　)

●次の意味を持つ四字熟語を、あとの語群から漢字を選んで完成させなさい。

③迷って方針や見込などが立たないこと。★

④人の意見や批評などをまったく気にかけないで聞き流すこと。

⑤長所も短所も両方あること。

[語群]

一	三	五	露	雨
霧	風	下	牛	馬
口	耳	目	山	里
中	東	西	長	短

③□□□□　　④□□□□

⑤□□□□

第59回解答

① 語

② 答

● 4つの四字熟語は、

一世一代 (いっせいちだい)

一喜一憂 (いっきいちゆう)

一進一退 (いっしんいったい)

一期一会 (いちごいちえ)

③ 五里霧中 (ごりむちゅう)

④ 馬耳東風 (ばじとうふう)

⑤ 一長一短 (いっちょういったん)

点

まちがえたものはここに書き出す

第60回問題　　目標8点（各2点）

● 次の漢字を使って4つの四字熟語を作ると、不要な漢字が2字ある。それを答えなさい。

抱　引　前　変　夢
水　絶　地　人　田
難　腹　倒　途　異
多　天　我

① (夢)
② (人)

● 次の四字熟語のA・Bに当てはまる漢数字を入れ、A＋Bが奇数になるものを3つ選びなさい。

ア　A望B里　　　イ　A発B中
ウ　A苦B苦　　　エ　A束B文
オ　A進B退　　　カ　A寒B温

③ (ア)
④ (エ)
⑤ (カ)　　（以上、順序は問わない）

第60回解答

① 夢

② 人

● 4つの四字熟語は、

我田引水（がでんいんすい）

前途多難（ぜんとたなん）

抱腹絶倒（ほうふくぜっとう）

天変地異（てんぺんちい）

③ ア 一望千里（いちぼうせんり）

④ エ 二束三文（にそくさんもん）

⑤ カ 三寒四温（さんかんしおん）

点

まちがえたものはここに書き出す

第61回問題　　　目標6点（各2点）

●次の漢字を使って4つの四字熟語を作るとき、余る漢字1字を答えなさい（③④⑤は四字熟語は3つ作り、余る漢字は2字）。

① 栄 転 雷 入 和 付 刀 機 衰

　 同 心 枯 直 一 盛 不 単

② 科 雨 前 晴 金 聞 代 条 盛

　 創 読 夫 意 玉 耕 未 工

③ 羅 秋 空 結 口 承 起 異

　 森 同 象 転 万 音

④ 喜 欠 大 怒 対 敵 哀 完

　 油 全 無 楽 断 結

⑤ 前 日 起 千 年 後 秋 回

　 空 絶 一 死 生 地

① □　　② □　　③ □□

④ □□　　⑤ □□

第61回解答

①不
(単刀直入、付和雷同、栄枯盛衰、心機一転)

②盛
(金科玉条、晴耕雨読、前代未聞、創意工夫)

③秋　空
(森羅万象、起承転結、異口同音)

④対　結
(油断大敵、喜怒哀楽、完全無欠)

⑤年　地
(起死回生、一日千秋、空前絶後)

点

まちがえたものはここに書き出す

第62回問題　　　目標8点（各2点）

●次の四字熟語の□に入る漢字と同じものをア～ウの中から選び、漢字で答えなさい。

①因□応報

ア 結カ　　イ カ物　　ウ 出カ

②危急□亡

ア ソン失　イ ソン在　ウ 子ソン

③一□来復★

ア ヨウ育　イ 太ヨウ　ウ ヨウ積

④□客万来

ア セン挙　イ セン言　ウ セン両

⑤□柔不断

ア ユウ気　イ ユウ秀　ウ 理ユウ

①（　　）□　　②（　　）□

③（　　）□　　④（　　）□

⑤（　　）□

第62回解答

① ア　結**果**
　（因果応報＝いんがおうほう）
　イ　**貨**物　　ウ　出**荷**

② イ　**存**在
　（危急存亡＝ききゅうそんぼう）
　ア　**損**失　　ウ　子**孫**

③ イ　太**陽**
　（一陽来復＝いちようらいふく）
　ア　**養**育　　ウ　**容**積

④ ウ　**千**両
　（千客万来＝せんきゃくばんらい）
　ア　**選**挙　　イ　**宣**言

⑤ イ　**優**秀
　（優柔不断＝ゆうじゅうふだん）
　ア　**勇**気　　ウ　理**由**

点

まちがえたものはここに書き出す

第63回問題 目標8点（各2点）

●次の語を漢字に直した場合、あとの語群の漢字1字を用いるものが2つある。その四字熟語を漢字で答えなさい。★

がんこうしゅてい　きんかぎょくじょう

こうだいむへん　　ひゃっかそうめい

ひんこうほうせい　りっしんしゅっせ

[語群]

第　前　提　方　科　学　進　歩

精　変

① ☐☐☐☐　② ☐☐☐☐

●次の二字熟語を組み合わせて5つの四字熟語を作ったとき余るものを3つ選びなさい。

疑心　　竜頭　　両断　　主客

一遇　　転倒　　暗鬼　　首尾

本末　　未踏　　一貫　　一刀

③ ☐☐　　④ ☐☐

⑤ ☐☐

（以上、順序は問わない）

第63回解答

① **金科玉条**（きんかぎょくじょう）
② **品行方正**（ひんこうほうせい）

●そのほかの四字熟語は、

眼高手低（がんこうしゅてい）
広大無辺（こうだむへん）
百家争鳴（ひゃっかそうめい）
立身出世（りっしんしゅっせ）

③ **竜頭**
④ **一遇**
⑤ **未踏**

●熟語の組み合わせは、

疑心暗鬼（ぎしんあんき）
一刀両断（いっとうりょうだん）
首尾一貫（しゅびいっかん）
主客転倒（しゅかくてんとう）
本末転倒（ほんまつてんとう）

点

まちがえたものはここに書き出す

第64回問題 目標8点（各2点、④は4点）

●次の文が表す四字熟語を、あとの語群の漢字を組み合わせて答えなさい。

① 私たちも中学生になるんだから気持ちを切り替えよう。
② 僕らのチームは一発のホームランで逆転勝利した。
③ 今回の出来事はだれも経験したことがないような珍しいものだった。

[語群]

新　聞　生　機　死　来　回　問
心　起　不　前　動　転　期　一
未　無　代　天

① □□□□
② □□□□
③ □□□□

●次の四字熟語の□に入る漢字に1字補って、あとの文の意味を持つ四字熟語を答えなさい。

ア　□意専心……一つのことにひたすら集中すること。
イ　絶□絶命……苦しい立場に追い込まれ、身動きができない状態。
ウ　異口□音……多くの人が口をそろえて同じことを言うこと。

（意味）「複数の人が気持ちを一つにすること」

④ □□□□

第64回解答

① **心機一転** (しんきいってん)

② **起死回生** (きしかいせい)

③ **前代未聞** (ぜんだいみもん)

④ **一心同体** (いっしんどうたい)

　ア **一意専心** (いちいせんしん)

　イ **絶体絶命** (ぜったいぜつめい)

　ウ **異口同音** (いくどうおん)

第65回問題   目標7点（各1点）

●次の四字熟語のAとBにはそれぞれ同じ漢字が入る。それを5つ記号で答え、残りの5つの四字熟語の□に正しい漢字を入れなさい。

ア　A B 無用
イ　A B 神明
ウ　A 下 B 双
エ　A 涯 B 独
オ　A 変 B 異
カ　驚 A 動 B
キ　A 下 B 品
ク　A 衣 B 縫
ケ　A 長 B 久
コ　A 下 B 平

AとBがそれぞれ同じもの（順序は問わない）

① (　　)　② (　　)　③ (　　)
④ (　　)　⑤ (　　)

上記以外のもの（順序は問わない）

⑥ □□□□　⑦ □□□□
⑧ □□□□　⑨ □□□□
⑩ □□□□

第65回解答

Aは「天」、Bは「地」

① ア（てんちむよう）

② イ（てんちしんめい）

③ オ（てんぺんちい）

④ カ（きょうてんどうち）

⑤ ケ（てんちょうちきゅう）

⑥ ウ　天下無双（てんかむそう）

⑦ エ　天涯孤独（てんがいこどく）

⑧ キ　天下一品（てんかいっぴん）

⑨ ク　天衣無縫（てんいむほう）

⑩ コ　天下泰平（てんかたいへい）

点

まちがえたものはここに書き出す

第66回問題　　　目標8点（各2点）

●次は春子さんとお母さんの会話文である。傍線部①～⑤の様子に当てはまるよう□に漢字を入れて完成させなさい。

「もうじき春休み、今年はどこへ行こうかしら。お母さん、どこにする？」
「そうねえ、①<u>どこがいいのか決められないわ</u>」
「②<u>こういうこともあるかもと思って旅行会社の窓口でもらっといたパンフレットがあるから、それを見ましょう</u>」
「ねえ、春子ちゃん、温泉に入ってゆっくりするのはどうかしら？」
「いいわね！熱海、箱根あたりはどうかしら」
「私も箱根なんかいいと思っていたの。③<u>あなたと一緒よ！</u>」
「じゃ、私が計画を立てるわ。④<u>自分をほめるのも変だけど、企画立案は得意なの</u>」
「じゃ、よろしくね。温泉、⑤<u>早く行きたいわ。待ち遠しいわ</u>」

① □柔□□
② □□□到
③ □□投□
④ □□自□
⑤ □□□秋

第66回解答

① 優柔**不断** (ゆうじゅうふだん)

② **用意周**到 (よういしゅうとう)

③ **意気**投**合** (いきとうごう)

④ **自画**自**賛** (じがじさん)

⑤ **一日千**秋 (いちじつせんしゅう)

点

まちがえたものはここに書き出す

挑戦！「出口の問題」小学生四字熟語

第8章

●今まではほとんどが実際の中学入試で出題されたものですが、最後に私（出口）の創作問題に挑戦してください。

「書き取り」「読み取り」は、比較的難易度の高いものを選んでいます。後半は少し頭を使う問題を出題しました。

ここまで解けたら、あなたの四字熟語力は完璧です。

問題 **次の各問に答えなさい。**

★はやや難。
四字熟語の意味は 171 ページ。

第67回問題   目標6点（各2点）

●次の文を表す四字熟語を完成させなさい。

①物事が順調に進み、得意そうな様子。

②よくないことが続き、ようやく運が向いてくること。

★

③邪念がなく澄みきった心境。

④物事にこだわりを持たず、自在に行動する様子。

⑤憎しみや恨みが非常に強いこと。

★

第67回解答

① 意気揚揚 (いきようよう)

② 一陽来復 (いちようらいふく)

③ 明鏡止水 (めいきょうしすい)

④ 行雲流水 (こううんりゅうすい)

⑤ 不倶戴天 (ふぐたいてん)

点

まちがえたものはここに書き出す

第68回問題　　目標8点（各2点）

●次の文を表す四字熟語を完成させ、その読みを答えなさい。

①やましいことがないこと。

□廉□白（　　　　　）★

②物事が順調に進んでいる様子。

順□満□（　　　　　）

③待ち遠しいこと。

一□千□（　　　　　）

④物事を完成させるための最後の仕上げ。

□竜□睛（　　　　　）★

⑤あきれてものが言えないくらいひどい様子。

□語同□（　　　　　）

第68回解答

① 清廉潔白（せいれんけっぱく）

② 順風満帆（じゅんぷうまんぱん）

③ 一日千秋（いちじつせんしゅう）

④ 画竜点睛（がりょうてんせい）

⑤ 言語道断（ごんごどうだん）

点

まちがえたものはここに書き出す

第69回問題　　　　目標8点（各2点）

●次の文に当てはまる四字熟語を、後の語群から選びなさい。

① 結婚に関係のあるものを選びなさい。

② 景色に関係あるものを2つ選びなさい。

③ 生き方や生活の仕方に関係あるものを2つ選びなさい。

④ 医療に関係あるものを選びなさい。

⑤ 「うわさ話」に近い意味のものを選びなさい。

⑥ 論争に関係あるものを選びなさい。

⑦ 能力に関係あるものを選びなさい。

⑧ 「見かけ倒し」に近い意味のものを選びなさい。

[語群]

一衣帯水　鶏口牛後　有象無象

月下氷人　山紫水明　草根木皮

白砂青松　博覧強記　百家争鳴

無為徒食　羊頭狗肉　流言飛語

第69回解答

① **月下氷人**（げっかひょうじん）

② **山紫水明・白砂青松**
（さんしすいめい・はくしゃせいしょう）

③ **鶏口牛後・無為徒食**
（けいこうぎゅうご・むいとしょく）

④ **草根木皮**（そうこんもくひ）

⑤ **流言飛語**（りゅうげんひご）

⑥ **百家争鳴**（ひゃっかそうめい）

⑦ **博覧強記**（はくらんきょうき）

⑧ **羊頭狗肉**（ようとうくにく）

点

まちがえたものはここに書き出す

第70回問題　　　目標8点（各1点）

●次の四字熟語の□に漢字を入れ、順番を並べ変えて正しく直しなさい。

① 無□象有

② □皮草根

③ 家□鳴争

④ 水山明□

⑤ 水帯□一

⑥ 下人月□

⑦ 青白□松

⑧ 博記強□

⑨ □語□言

⑩ 狗□羊□

第70回解答

① **有象無象** (うぞうむぞう)

② **草根木皮** (そうこんもくひ)

③ **百家争鳴** (ひゃっかそうめい)

④ **山紫水明** (さんしすいめい)

⑤ **一衣帯水** (いちいたいすい)

⑥ **月下氷人** (げっかひょうじん)

⑦ **白砂青松** (はくしゃせいしょう)

⑧ **博覧強記** (はくらんきょうき)

⑨ **流言飛語** (りゅうげんひご)

⑩ **羊頭狗肉** (ようとうくにく)

点

まちがえたものはここに書き出す

得点集計表

(各回10点満点の得点を記入。合計700点満点)

第1章	①	②	③	④	⑤
⑥	⑦	第2章	⑧	⑨	⑩
⑪	第3章	⑫	⑬	⑭	⑮
⑯	⑰	⑱	⑲	⑳	第4章
㉑	㉒	㉓	㉔	㉕	㉖
㉗	㉘	㉙	㉚	㉛	㉜
㉝	㉞	㉟	第5章	㊱	㊲
㊳	㊴	㊵	㊶	㊷	㊸
㊹	㊺	㊻	㊼	㊽	㊾
第6章	㊿	51	52	53	54
第7章	55	56	57	58	59
60	61	62	63	64	65
66	第8章	67	68	69	70

合計

点

おわりに

漢字には論理が孕まれている

　私たちは朝起きてから夜寝るまで、日本語の文章を読み、日本語の文章を書いています。その日本語のうち、単独で意味のあるものが自立語です。その自立語の大半が名詞・動詞・形容詞・形容動詞ですが、これらは一部の和語やカタカナ語を除いて、そのほとんどが漢字で表記されます。

　そう考えると、私たちは漢字でものを考えているということもできるのです。その漢字を単に読み書きだけでなく、言語として扱うことによって、私たちの思考力は大幅にアップするのです。

　論理というと難しいような気がするかもしれませんが、実は漢字そのものの中にすでに論理が孕まれています。

　たとえば、「男」という言葉はA君、B君、C君といった、個々バラバラなものの共通点を

抜き取ったものなので、A君・B君・C君（具体）と、「男」（抽象）という関係が成り立ちます。

また「女」を意識したから初めて「男」という言葉を必要としたのであって、その意味では「男」と「女」という対立関係もすでに「男」という漢字の中に孕んでいるのです。

私たちは混沌とした外界の情報を、具体と抽象、対立関係といった論理で整理するのですが、そこでも漢字が大いに役立っているのです。

● ●

中国人との筆談

先日、早稲田大学に在籍しながら日本人に中国語を教えている、中国人の女子留学生に会いました。

彼女はすでに中国語の本を出版することが決まっているのですが、私は彼女から多くの示唆をもらいました。

世界中で、5人に1人が中国人です。私たちは日本語でものを考えるわけですから、中国語

は単なるコミュニケーションツールと割り切れば、何も難しい発音を習得しなくても、筆談で十分通じ合うことができるというのです。

　なぜなら、日本人も中国人も漢字を使っているのであり、しかも、どちらの国でも常用漢字の数はほとんど同じなのです。

　それならば、漢字を紙に書けば、かなり深い内容まで伝えることができるのです。

　それが成功しないのは、日本に漢字が入って来てからおよそ2000年の間に（漢字がいつ伝播されたかは諸説があります）意味が変化し、現代の中国人には通じなくなってしまったとのことです。

　だから、よく使う漢字の、現代中国での意味を記憶すれば、わずか12時間ほどで中国人とコミュニケーションができるようになるということです。

　彼女の本が刊行されるのが待ち遠しいですね。

得点を集計しましょう

漢字一つ一つには意味があります。

その漢字が四つ集まって、何とも言えない深い意味が新たに生じます。その漢字の世界のおもしろさを十分味わっていただけたと思います。

小学生の四字熟語でもあなたの表現を豊富にすることが可能なのです。

さて、得点を集計しましょう。

得点は何点？

165ページの集計表に、各回の得点を記入します。各回10点満点で、全70回、700点満点です。

■**650点以上得点した人** 四字熟語の読み・書き、意味、使い方など、あらゆる面で四字熟語を自分のものとして習得しています。

せっかく習得しているのですから、これからは気の利いた場面で、どんどん四字熟語を使いこなしてみましょう。

■**600点以上** ある程度四字熟語を習得はしていますが、まだ何となくといったレベルではないでしょうか？

　四字熟語を実際に使いこなすためには、完全に習得する必要があるのです。あやふやな使い方はかえって失敗を招きます。せっかく頭の中にあるのだから、あと少しの努力であなたの表現力をアップさせましょう。

■**600点以下** 日本語の持つ豊穣さを使いこなせていません。四字熟語を習得することで、漢字の持つ魅力を実感し、より深い、あるいは繊細な表現力を身につけましょう。

小学生四字熟語 意味編

本書で取り上げた小学生四字熟語の意味を50音順にまとめた(一部省略)。正しく使いこなせるよう、何度でもチェックしたい。

あ行

□□ **合縁奇縁** (あいえんきえん)
　人と人とのめぐりあわせは、不思議な縁によるものだということ。「奇縁」は不思議な縁。

□□ **青息吐息** (あおいきといき)
　困ったり苦しんだりしたときに吐くため息。「青息」も「吐息」もため息の意。

□□ **悪戦苦闘** (あくせんくとう)
　強い相手に対して苦しい戦いを強いられること。また、死にものぐるいで努力すること。

□□暗中模索 (あんちゅうもさく)
暗闇の中を手探りで探すように、手がかりのないままいろいろやってみること。

□□意気消沈 (いきしょうちん)
元気がなくしょげているようす。
→「意気軒昂(けんこう)」は反対の意味。

□□意気衝天 (いきしょうてん)
意気込みが盛んなようす。「意気天を衝(つ)く」とも読む。
→「意気軒昂」も同じ意味。「意気消沈」は反対の意味。

□□意気投合 (いきとうごう)
お互いの気持ちや考えがぴったり合うこと。「投合」は「(気持ちが)一致する」こと。

□□意気揚揚 (いきようよう)
物事が思うように進み、得意そうなようす。「揚揚」で、得意な・ほこらしげなようす。

□□異口同音 (いくどうおん)
多くの人が口をそろえて同じことを言う。「異句」と書くのは誤り。

□□以心伝心 (いしんでんしん)
言葉や文字によらないで気持ちが通じること。「心

を以て心を伝う」とも読む。禅宗で、悟った真理を師から弟子へ心から心へ伝えること。

□□一意専心 (いちいせんしん)
一つのことに熱中すること。「意を一つにし、心を専らにす」とも読む。

□□一衣帯水 (いちいたいすい)
一本の帯のような狭い川や海。また、狭い川や海を隔てているだけで接近していること。「衣帯」は衣服の帯のこと。

□□一期一会 (いちごいちえ)
一生にただ一度会うような縁。「一期」は、仏教で「一生涯、一生」のこと。茶道で、一生に一度と考えて、まことを尽くすとする茶会の心得。

□□一言一句 (いちごんいっく)
わずかな言葉。「一言」も「一句」もひとことの意。
→「一言半句」も同意。

□□一日千秋 (いちじつせんしゅう)
一日が千年のように感じられるほど、待ち遠しいこと。「一日千秋の思い」と用いる。

□□一汁一菜 (いちじゅういっさい)
一種類の汁と一種類のおかずの食事。質素な食事。

☐☐ 一病息災 (いちびょうそくさい)
一つ持病があると体に気をつけるので、長生きすること。「息災」は仏教で、仏の力で災いを息ませること。「無病息災」は病気をせず元気なこと。

☐☐ 一部始終 (いちぶしじゅう)
物事の最初から最後まで。「始終」は「初めと終わり・初めから終わりまで全部」の意だが、「いつも」の意もある。

☐☐ 一望千里 (いちぼうせんり)
ひと目で千里も先が見渡せるほど、広々としていること。

☐☐ 一網打尽 (いちもうだじん)
網を使って魚を取りつくす意から、犯人などを一人残さず捕えること。

☐☐ 一目瞭然 (いちもくりょうぜん)
ひと目見ただけではっきりわかること。「ひとめ」と読まないこと。

☐☐ 一陽来復 (いちようらいふく)
冬が去って春が来ること。よくないことが続いた後、ようやく幸運が向いてくること。陰暦11月になると陽に復する意。

□□一攫千金 (いっかくせんきん)
一度に大きな利益を得ること。「一攫」はひとつかみ。一つかみで千金を得る。

□□一喜一憂 (いっきいちゆう)
状況が変わるたびに、喜んだり心配したりすること。

□□一騎当千 (いっきとうせん)
一人の騎兵が千人に匹敵するほどの意から、卓越した力の持ち主のこと。

□□一挙一動 (いっきょいちどう)
一つ一つの動作やふるまい。「一挙手一投足」も同じ意。

□□一挙両得 (いっきょりょうとく)
一つのことをして、同時に二つの利益を得ること。「一挙」は一回の行動。
→「一石二鳥」も同意。

□□一刻千金 (いっこくせんきん)
わずかな時間が非常に貴重なこと。時間が過ぎ去ってしまうことを惜しんでいう。「一刻 値 千金」から出た。

□□一切合財（合切）(いっさいがっさい)
何もかもすべて。一つ残らずすべて。「一切」を

強めた言い方。

□□一触即発 (いっしょくそくはつ)
ちょっと触れれば爆発する意から、非常に緊迫した状態のたとえ。

□□一進一退 (いっしんいったい)
進んだり退いたりすること。よくなったり悪くなったりすること。

□□一心同体 (いっしんどうたい)
他人どうしの気持ちが完全に一致すること。同体は「一体」と同意。

□□一心不乱 (いっしんふらん)
一つのことに集中して、雑念に心が乱されないこと。

□□一世一代 (いっせいちだい)
役者が引退するとき、仕納めとして得意の芸を演じること。また、演技や行為などが一生のうちで最もすばらしいこと。

□□一石二鳥 (いっせきにちょう)
一つの石を投げて2羽の鳥を捕まえる意から、一つのことをして、同時に二つの利益や効果を得ること。
→「一挙両得」も同意。

□□一朝一夕 (いっちょういっせき)
わずかの時間。「一朝」は「ひとたび・いったん」→「一朝ことが起これば」など。「一夕」は「一夜・ある晩」→「一夕の宴」。

□□一長一短 (いっちょういったん)
物事には長所もある一方、短所もあるということ。

□□一刀両断 (いっとうりょうだん)
物事を決断して思い切って処理すること。一刀で二つに断ち割ることの意。

□□意味深長 (いみしんちょう)
意味が深くて含蓄があるようす。言外に深い意味があるようす。

□□因果応報 (いんがおうほう)
過去の因縁に応じて、必ずその報いが現れること。仏教で、あらゆる物事には因果関係があり、現世の幸不幸は前世の行いの結果であるという考え。

□□右往左往 (うおうさおう)
うろたえて右へ行ったり左へ行ったりすること。混乱して動き回ること。

□□有象無象 (うぞうむぞう)
世の中のすべてのもの。取るに足らない人や物。「象」は物の形の意。世の中の形のある物と形の

無い物すべて。

☐☐海千山千 (うみせんやません)
海に千年、山に千年すんだ蛇は竜になるという伝説から、多くの経験を積んで抜け目がないこと。

☐☐雲散霧消 (うんさんむしょう)
雲が散り霧が消えるように、跡形もなく消えるようす。

☐☐栄枯盛衰 (えいこせいすい)
草木が茂ることと枯れることの意から、栄えることと衰えること。

☐☐岡目八目 (おかめはちもく)
当事者より傍から見ている者のほうが、物事の是非や真相を正しく判断できる。囲碁を傍で見ていると、対局者より八目先がよめるというところから出た。「岡目」は「傍目」とも書く。

☐☐温故知新 (おんこちしん)
昔のことを研究することによって新しい知識を知る。「故きを温ねて（温めて）、新しきを知る」とも読む。孔子の言葉。

☐☐音信不通 (おんしんふつう)
便りや連絡がないこと。

行

□□**開口一番**（かいこういちばん）
口を開くやいなや。

□□**快刀乱麻**（かいとうらんま）
よく切れる刀で麻糸を断ち切るように、もつれた物事をてきぱき処理する。

□□**花鳥風月**（かちょうふうげつ）
自然の美しい景色。

□□**我田引水**（がでんいんすい）
自分の田だけに水を引く意から、自分に都合のよいように強引に物事を進めること。「我が田に水を引く」とも読む。

□□**画竜点睛**（がりょうてんせい）
物事を完成させるための重要な最後の仕上げ。「睛」はひとみ。竜の絵にひとみを描きいれると、たちまち竜は雲に乗って天に昇った、という中国の故事からきている。

□□**眼高手低**（がんこうしゅてい）
眼は高いところを見ているが手は低いところを動く意から、批評することは上手だが実際に作るの

は下手なこと。理想は高いけれど実行力が伴わないこと。

□□**完全無欠** (かんぜんむけつ)
完全で全く欠けたり不足したりしていることがないようす。

□□**閑話休題** (かんわきゅうだい)
それはさておき。わき道にそれた話題を本題に戻すときにいう言葉。「閑話」はむだ話。「休題」は話をやめること。

□□**気宇壮大** (きうそうだい)
心が広く立派なようす。「気宇」は心の広さ。

□□**危機一髪** (ききいっぱつ)
髪の毛一本ほどの差しかないほど危険が迫っているという意から、今にも大事が起こりそうな危ない瀬戸際。

□□**奇奇怪怪** (ききかいかい)
非常に不思議なようす。「奇怪」を強調した言葉。

□□**危急存亡** (ききゅうそんぼう)
危険が迫っていて、生き残れるか滅びるかの瀬戸際にあること。「危急存亡の秋(とき)」の略。

□□**起死回生**（きしかいせい）
死にかかっている人を生き返らせること。滅びかけたり敗北しかけたりしているものを、元に戻すこと。

□□**喜色満面**（きしょくまんめん）
いかにもうれしそうなようす。

□□**疑心暗鬼**（ぎしんあんき）
疑いだすと、暗がりの中に鬼を見てしまうように、なんでもないことまで疑わしくなり、信じられなくなること。「疑心暗鬼を生ず」の略。

□□**奇想天外**（きそうてんがい）
ふつうでは思いつかない変わったこと。「天外」ははるか遠いところ。

□□**牛飲馬食**（ぎゅういんばしょく）
牛や馬のように、たくさん飲んだり食べたりすること。

□□**九死一生**（きゅうしいっしょう）
9割は死で生きる可能性は1割の意から、死ぬかと思われる危険な状態から抜け出すこと。「九死に一生を得る」の略。「万死一生」も同意。ただし「万死に値する」は「何度死んでも償えないほど罪が重い」。

□□旧態依然 (きゅうたいいぜん)
昔のままで少しも進歩のないようす。

□□急転直下 (きゅうてんちょっか)
物事の状態やようすが急に変化して、扱いやすくなること。

□□共存共栄 (きょうそんきょうえい)
ともに生きともに栄える意から、助け合って繁盛すること。「きょうぞん」とも読む。

□□驚天動地 (きょうてんどうち)
天を驚かし地を動かす意から、世の中の人々をあっと驚かすこと。「天を驚かし地を動かす」とも読む。

□□玉石混交 (ぎょくせきこんこう)
玉と石が混じるように、すぐれたものと劣っているものが入り混じっていること。

□□挙国一致 (きょこくいっち)
国民全体が心を一つにすること。「挙国」は国を挙げての意から国民全体。

□□金科玉条 (きんかぎょくじょう)
非常に大切なきまり。「金」と「玉」は大切なものを表し、「科」と「条」はきまりや規則。

☐☐**空前絶後**（くうぜんぜつご）
過去にもなく、これからもないであろうと思われるような、珍しいこと。「空前」は以前には例がなかったこと。「絶後」はこれ以降二度と同じ例は起こらないこと。

☐☐**空理空論**（くうりくうろん）
実際とかけ離れていて役に立たない理論。「机上の空論」は理論だけの役に立たない意見のこと。

☐☐**鶏口牛後**（けいこうぎゅうご）
大きな組織の中で低い地位にいるよりは、小さな組織でもその長となるほうがよいということ。「鶏口」は鶏の口で、小さな組織のたとえ、「牛後」は牛の尻で、大きな組織のたとえ。「鶏口となるも牛後となるなかれ」の略。

☐☐**月下氷人**（げっかひょうじん）
仲人。媒酌人。「月下老人」と「氷上の人」を合わせた言葉。唐の男が月夜に会った老人の予言どおりの結婚をした話と、晋の男が氷上で氷下の人と語った夢を占い師が判断して「太守の息子の仲人をするだろう」と言い、これが的中した話からきている。

☐☐**行雲流水**（こううんりゅうすい）
空をただよう雲と流れる水のように、物事にこだわらず自由に行動するようす。

□□**厚顔無恥**（こうがんむち）
厚かましくて恥を恥とも思わないようす。「無知」と書くのは誤り。

□□**広大無辺**（こうだいむへん）
広く大きくて限りがないこと。「無辺」は限りのないこと。

□□**荒唐無稽**（こうとうむけい）
言うことがでたらめで根拠のないこと。現実離れで空想的なこと。「荒唐」はでたらめなこと。「無稽」はでたらめで根拠のないこと。

□□**公平無私**（こうへいむし）
平等で一方にかたよらず、利己心のないようす。

□□**公明正大**（こうめいせいだい）
隠し立てがなく公平で正しいようす。

□□**古今東西**（ここんとうざい）
いつでもどこでも。「古今」は昔から今まで、と時間の流れを表し、「東西」は東方、西方すべての場所で、と空間の広がりを表す。

□□**古今無双**（ここんむそう）
昔から今まで匹敵するものがないほどすぐれているようす。「無双」は二つとないこと。

□□**虎視眈眈**（こしたんたん）
有利な機会がくるのを油断なくうかがっているようす。「眈眈」は鋭い目をしてねらうようす。

□□**誇大妄想**（こだいもうそう）
自分の能力などを実際より大げさに考え、それを事実と思いこむこと。

□□**小春日和**（こはるびより）
陰暦十月ごろの、春に似た暖かい天気。「小春日」ともいう。

□□**五里霧中**（ごりむちゅう）
五里四方にわたる霧の中で、方角がわからなくなる意から、手がかりがなくどうしてよいか迷うこと。「五里夢中」と書くのは間違い。

□□**言語道断**（ごんごどうだん）
あきれて言葉も出ないくらいひどいようす。もともとは仏教語で、仏教の真理が深く、言葉で言い表せないほどであるという意。「道」は方法。

さ 行

□□**才気煥発**（さいきかんぱつ）
才知にすぐれ、頭の働きのよさがきわだって表れ

ること。

☐☐**再三再四** (さいさんさいし)
何度も。「再三」を強める言葉。

☐☐**才色兼備** (さいしょくけんび)
女性がすぐれた才能と容姿の美しさを兼ね備えていること。「才色」は女性のすぐれた才能と美しい容姿。

☐☐**三寒四温** (さんかんしおん)
冬に、三日間ほど寒い日が続いた後、次の四日間は暖かくなるというように、寒暖が繰り返される現象。シベリア高気圧からの風の強弱によって現れる。

☐☐**三権分立** (さんけんぶんりつ)
国家の権力を、立法・司法・行政に分け、それぞれ議会・裁判所・内閣という独立した機関を置く制度。

☐☐**三三五五** (さんさんごご)
あちらに三人、こちらに五人というように、少しずつ集まっているようす。

☐☐**山紫水明** (さんしすいめい)
山や川の景色が清らかで美しいようす。

□□三拝九拝（さんぱいきゅうはい）
何度も頭を下げて拝んで、人に物事を頼むこと。手紙文の終わりに書いて、相手に深い敬意を表す言葉としても使われる。

□□自画自賛（じがじさん）
自分で描いた絵を自分でほめる意から、自分で自分のことをほめること。

□□時期尚早（じきしょうそう）
物事をするのにまだ早いこと。「尚早」はまだ早いということで、まだその時期にはなっていないことをいう。

□□自給自足（じきゅうじそく）
自分や自国に必要なものすべてを自分や自国で生産してまかなうこと。

□□四苦八苦（しくはっく）
物事が思うようにいかず、非常に苦しむこと。仏教で、生苦、労苦、病苦、死苦の四苦に、愛別離苦、怨憎会苦、求不得苦、五陰盛苦を合わせた八苦のこと。

□□自業自得（じごうじとく）
自分がした行為の報いを自分の身で受けること。おもに悪い報いについていう。もとは仏教の語。「業」は行為。

☐☐時代錯誤 (じだいさくご)
時代を取り違えた古い考え方や方法を取ること。アナクロニズム。

☐☐七転八倒 (しちてんばっとう)
何回も転び倒れることから、苦しくてのたうちまわること。「しってんばっとう」とも読む。

☐☐質実剛健 (しつじつごうけん)
飾り気がなくまじめで心も体も強いこと。

☐☐自暴自棄 (じぼうじき)
自分がどうなってもよいとやけになるようす。

☐☐四面楚歌 (しめんそか)
まわりが全部敵であること。漢と楚の戦いで、楚の項羽が漢の劉邦の大群に囲まれたとき、四方の漢軍の陣地から盛んに楚の国の歌が聞こえてきた。これは劉邦の策略だったのだが、項羽は楚が漢軍に降伏したかと嘆き悲しんだという故事から。

☐☐弱肉強食 (じゃくにくきょうしょく)
弱い者は強い者のえじきになること。強い者が弱い者を滅ぼして繁栄すること。「弱の肉は強の食なり」とも読む。

☐☐縦横無尽 (じゅうおうむじん)
自由自在。「縦横」は縦と横、四方八方。「無尽」

はどこまでも尽きることがないこと。

□□ 終始一貫 (しゅうしいっかん)
主義・主張などが最初から最後まで変わらないこと。
→「首尾一貫」も同意。

□□ 十人十色 (じゅうにんといろ)
人の好みや考えなどが、それぞれ違っていること。「十人いれば十の色がある」の意から。

□□ 主客転倒 (しゅかくてんとう)
主人と客の立場が逆になる意から、物事や人の立場や順序、軽重が逆になること。

□□ 取捨選択 (しゅしゃせんたく)
よいものを選びとり、悪いものを捨てること。

□□ 首尾一貫 (しゅびいっかん)
方針や態度が、最初から最後まで変わらず貫かれていること。
→「終始一貫」も同意。

□□ 順風満帆 (じゅんぷうまんぱん)
追い風を帆いっぱいに受けて船が進む意から、物事が順調に進んでいるようすを表す。

☐☐枝葉末節 (しようまっせつ)
主要でない細かいことがら。「枝葉」は枝と葉、「末節」は末のほうの節で、両方ともつまらない部分やことがら。

☐☐初志貫徹 (しょしかんてつ)
最初に立てた志を最後までやりとおすこと。

☐☐支離滅裂 (しりめつれつ)
ばらばらで筋道が通らないようす。めちゃくちゃ。

☐☐心機一転 (しんきいってん)
何かをきっかけに、気持ちがすっかりよいほうに変わること。「心機」は心の働き。

☐☐神出鬼没 (しんしゅつきぼつ)
神や鬼のように自由自在に出没し、その所在がつかめないこと。

☐☐信賞必罰 (しんしょうひつばつ)
功績のあった者には賞を与え、罪を犯した者は必ず罰すること。賞罰を厳正に行うこと。

☐☐針小棒大 (しんしょうぼうだい)
針を棒のように大きくいう意から、小さなことを大げさにいうこと。

□□ 新進気鋭 (しんしんきえい)

新しく現れて、意気盛んなこと。「新進」は新しく現れ出ること。また、その人。

□□ 森羅万象 (しんらばんしょう)

宇宙に存在するすべてのもの。万物。「森羅」は限りなく並び連なること。「万象」は形あるものすべて。

□□ 晴耕雨読 (せいこううどく)

晴れた日は田畑を耕し、雨の日は家で読書をする意から、勤めなどをやめて悠悠自適の生活をすること。

□□ 青天白日 (せいてんはくじつ)

晴れわたった青空に日が輝いている意から、潔癖でやましいところがないこと。疑いが晴れて無罪になること。

□□ 清廉潔白 (せいれんけっぱく)

心が清く、やましいところがないようす。「廉」は欲がないの意。

□□ 切磋琢磨 (せっさたくま)

一生懸命知徳をみがくこと。友人同士がお互いに励まし合って勉強に励み、向上すること。「切磋」は骨などを切ってみがくこと。「琢磨」は石や玉を削りみがくこと。

☐☐**絶体絶命**（ぜったいぜつめい）
切り抜ける方法がまったくない状態や立場にあること。

☐☐**千客万来**（せんきゃくばんらい）
たくさんの客がひっきりなしに来ること。「千」「万」は数が多いことを表す。

☐☐**前後不覚**（ぜんごふかく）
あとさきもわからなくなるほど、正体がなくなること。

☐☐**千載一遇**（せんざいいちぐう）
千年に一度しかめぐりあえないほどまれな意から、めったにない好機のこと。「載」は年。

☐☐**千差万別**（せんさばんべつ）
多くの種類があること。それぞれ違っていること。「千」「万」は数が多いことを表す。

☐☐**全身全霊**（ぜんしんぜんれい）
身も心もすべて。

☐☐**前人未到**（ぜんじんみとう）
今までにだれも到達していないこと。だれも足を踏み入れていないこと。「未到」は「未踏」とも書く。

□□**前代未聞**（ぜんだいみもん）
今までに聞いたことがないこと。

□□**前途多難**（ぜんとたなん）
将来に多くの困難や災難が待っていること。
→「前途有望」「前途洋々」は反対の意味で、将来に見込みがあるようす。

□□**千変万化**（せんぺんばんか）
物事がさまざまに変わること。「千」「万」は数が多いことを表す。

□□**創意工夫**（そういくふう）
新しいものをつくりだそうと考えること。新しく考え出した思いつき。

□□**草根木皮**（そうこんぼくひ）
草の根と木の皮を漢方医が薬として用いたことから、漢方薬のこと。

□□**漱石枕流**（そうせきちんりゅう）
自分の失敗を認めず、負け惜しみの強いこと。「石に漱ぎ流れに枕す」とも読む。中国晋のある男が、「漱流枕石」（流れに漱ぎ石に枕す）と言うところを誤って「漱石枕流」と言ったが、「石で漱ぐのは歯をみがくためであり、流れに枕するのは耳を洗うためである」と、誤りを認めずごまかしたという故事からきている。夏目漱石の漱石はこの故

事に由来する。

行

□□**大器晩成**（たいきばんせい）
大きな入れ物はすぐには完成しない意から、大人物は歳をとってから大成するということ。

□□**大義名分**（たいぎめいぶん）
人が守らなければならない道理。「大義」は君主や国家に対してつくすべき道義。「名分」はつくすべき道義上の立場。

□□**大言壮語**（たいげんそうご）
実力以上に大きなことを言うこと。また、その言葉。

□□**大同小異**（だいどうしょうい）
細かい点は異なっているが、だいたい同じであること。大きな違いはないこと。

□□**多事多難**（たじたなん）
事件が多く苦労が多いこと。「多事」は世間に事件や事変が多いこと。「多難」は困難や災難が多いこと。

□□ 多種多様 (たしゅたよう)
種類が多く、さまざまなようす。いろいろ。

□□ 単刀直入 (たんとうちょくにゅう)
単身で敵陣に切り込む意から、前置き抜きでいきなり本題に入ること。「短刀」と書くのは間違い。

□□ 朝三暮四 (ちょうさんぼし)
目の前の差異にだけこだわって、結果は同じであることに気がつかないこと。中国春秋時代、宋の狙公（そこう）が、飼っていたサルたちに、とちの実を朝に三つ夕方に四つ与えようと言ったところサルたちが怒ったので、それでは朝に四つ夕方に三つにしようと言ったら喜んだ、という説話による。

□□ 朝令暮改 (ちょうれいぼかい)
朝に出した命令を夕方には改める意から、命令や法令が頻繁に変わって一定しないこと。

□□ 適材適所 (てきざいてきしょ)
ある仕事に適した才能をもつ人を、それにふさわしい仕事や地位につけること。

□□ 徹頭徹尾 (てっとうてつび)
頭から尾まで貫き通す意から、最初から最後まで。あくまで。

□□天衣無縫 (てんいむほう)
天人の衣服には縫い目がないように、技巧をこらすことなく自然に美しくつくられている詩文のたとえ。飾り気がなく純真な性格のたとえ。昔、中国の一人の青年が夜空から美しい織女が降りてきたのを見た。その衣服に縫い目がないので尋ねると、織女は「天人の衣服はもともと針や糸で縫ったものではない」と答えたという話による。

□□天下泰平 (てんかたいへい)
世の中が平和なようす。

□□電光石火 (でんこうせっか)
非常に短い時間のたとえ。行動がすばやいことのたとえ。「電光」は稲光。「石火」は火打石を打つときに出る光。

□□天真爛漫 (てんしんらんまん)
自然のままで飾り気がなくむじゃきなようす。「天真」は自然のままの心。「爛漫」は光り輝くようす。

□□天地神明 (てんちしんめい)
天と地の神々。「天地神明に誓う」と使う。

□□天地無用 (てんちむよう)
荷物などで、上下を逆さまにしてはいけないという意味の注意書き。「天地」は荷物などの上と下。「無用」はしてはいけないことを表す。

☐☐**天長地久**(てんちょうちきゅう)
ものごとが天地のように永久に続くこと。「天は長く地は久しい」と読む。

☐☐**天変地異**(てんぺんちい)
自然界に起こる異変。「天変」は天空に起こる異変で、日食・月食・暴風・大雨・雷など。「地異」は地震・津波・火山の噴火など地上の異変。

☐☐**当意即妙**(とういそくみょう)
その場の状況にふさわしいように素早く機転をきかすこと。「即妙」は即座に浮かぶ機知。

☐☐**同工異曲**(どうこういきょく)
詩文などで、手法は同じであるが趣が異なることのたとえ。転じて、外見は違うようでも中身はだいたい同じであること。

☐☐**東奔西走**(とうほんせいそう)
忙しくあちこちと動き回ること。「奔」も「走」も走る意。東に西に走ること。

☐☐**独断専行**(どくだんせんこう)
自分一人の判断で勝手に行うこと。「先行」は誤り。「独断」は独り決め、「専行」は独り決めて行う意。

行

□□**南船北馬**（なんせんほくば）
あちらこちらと忙しく旅行すること。中国では、南部は湖沼が多いので船を使い、北部は山や平野が多いので馬を利用したことからきた。

□□**二束三文**（にそくさんもん）
二束で三文にしかならない意から、数が多いのにきわめて安い値段にしかならないこと。非常に値段が安いこと。

□□**日進月歩**（にっしんげっぽ）
とどまることなく日に日に進歩すること。「日〜月〜」は日に日にそうなっていくこと。「進歩」という単語を「進」と「歩」に分けて、日に月に進歩するという意味。

は行

□□**破顔一笑**（はがんいっしょう）
顔をほころばせて笑うこと。「破顔」は顔をほころばせること。「一笑」はにっこり笑うこと。

□□博学多才 (はくがくたさい)
広く学問に通じ、多方面の才能に恵まれているようす。

□□白砂青松 (はくしゃせいしょう)
白い砂浜に青い松が生えている美しい海岸の景色。

□□博覧強記 (はくらんきょうき)
広く書物を読んで、それらをよく記憶していること。「博覧」は広く書物を読んで、物事をよく知っていること。「強記」は記憶力がすぐれていること。

□□薄利多売 (はくりたばい)
利益を少なくして品物を大量に売り、全体として採算をとれるようにすること。

□□馬耳東風 (ばじとうふう)
他人の意見や批評を気にとめずに聞き流すこと。「東風」は春風のこと。人には心地よい春風も馬は何も感じない意から。

□□八方美人 (はっぽうびじん)
あらゆる方角から見ても欠点のない美人の意から、だれからもよく思われようとうまく立ち回る人。

□□半信半疑 (はんしんはんぎ)
なかば信用し、なかば疑うこと。本当かどうか迷

うこと。

☐☐ **百戦練磨**（ひゃくせんれんま）
数多くの戦いに出て、身体や技術などをみがくこと。多くの経験を積んで、物事に通じていること。
→「海千山千」も似た意味を持つ。

☐☐ **百家争鳴**（ひゃっかそうめい）
多くの学者や作家が自由に論争すること。「百家」は多くの学者や作家。「争鳴」は自由活発に論争すること。

☐☐ **百発百中**（ひゃっぱつひゃくちゅう）
百回発射して百回命中する意から、予想や計画がすべて当たること。

☐☐ **表裏一体**（ひょうりいったい）
二つのものの関係が一つのもののように密接で、互いに切り離せないこと。

☐☐ **品行方正**（ひんこうほうせい）
行いが正しく、きちんとしていること。「品行」は行いやふるまい。「方正」は心や行いが正しいこと。

☐☐ **不易流行**（ふえきりゅうこう）
松尾芭蕉の俳諧の基本理念の一つ。俳諧は、永久に変わらないものと、時に従って変わっていくも

のの両方が、一句の中に統一されているのが理想であると、芭蕉は考えた。

□□**不倶戴天**（ふぐたいてん）
憎しみやうらみが非常に深いこと。「倶に天を戴かず」とも読む。

□□**不言実行**（ふげんじっこう）
あれこれ言わずに、やるべきことを黙って実行すること。

□□**不承不承**（ふしょうぶしょう）
いやいやながら。

□□**付和雷同**（ふわらいどう）
しっかりした考えがなく、他人の言動に軽々しく同意すること。「付和」はすぐ他人の意見に賛成すること。「雷同」は雷の鳴る音に共鳴するように、他人の言動に同調すること。

□□**粉骨砕身**（ふんこつさいしん）
骨を粉にし身を砕くように、力の限りをつくして努力すること。「骨を粉にして身を砕く」とも読む。

□□**傍若無人**（ぼうじゃくぶじん）
あたりに人がいないかのように、人を人とも思わず自分勝手に行動すること。「傍らに人無きが若し」とも読む。

□□**抱腹絶倒**（ほうふくぜっとう）
腹をかかえてひっくりかえるほど大笑いをすること。「抱腹」は腹をかかえること。「絶倒」は笑いくずれること。

□□**本末転倒**（ほんまつてんとう）
根本となる重要なものとさまつなものが逆になること。「本末」は重要なものとそうでないもの。

行

□□**無為徒食**（むいとしょく）
何もしないでぶらぶら遊んで暮らすこと。「無為」は何もしないでいること。「徒食」はただ食べるだけ。

□□**無我夢中**（むがむちゅう）
一つのことに心を奪われ、我を忘れること。「無我」は我を忘れること。

□□**明鏡止水**（めいきょうしすい）
曇りのない鏡と静かに澄んでいる水の意から、邪念がなく澄み切った心境のこと。

や行

□□唯一無二 (ゆいいつむに)
ただ一つで、二つとないこと。

□□優柔不断 (ゆうじゅうふだん)
ぐずぐずして決断力に欠けること。「優柔」ははきはきせず煮え切らないこと。「不断」は決断力が乏しいこと。

□□有名無実 (ゆうめいむじつ)
名ばかりで実質が伴わないようす。

□□悠悠自適 (ゆうゆうじてき)
俗事にわずらわされず、自分の思うままに心静かに過ごすこと。「悠悠」はゆったりと落ち着いているようす。「自適」は何事にもわずらわされず心のままに暮らすこと。

□□油断大敵 (ゆだんたいてき)
油断すると思わぬ失敗をすることになるから、油断は大きな敵であるということ。

□□用意周到 (よういしゅうとう)
用意が十分にできていて、手抜かりのないようす。「周到」は準備が行き届いて手抜かりのないこと。

□□羊頭狗肉 (ようとうくにく)
羊の頭を看板に掲げておきながら実際は犬の肉を売る意から、みかけは立派だが、中身が伴わないことのたとえ。「羊頭を掲げて狗肉を売る」の略。

ら行

□□利害得失 (りがいとくしつ)
利益と損害。損得。「利害」も「得失」も同意。

□□流言飛語 (りゅうげんひご)
根拠のないうわさ。デマ。「流言」も「飛語」も根拠のない無責任なうわさ。

□□竜頭蛇尾 (りゅうとうだび)
頭は竜で尾は蛇の意から、最初は勢いがよく終わりは勢いがなくなること。

□□理路整然 (りろせいぜん)
話や物事の筋道がきちんとしているようす。「理路」は話や物事の筋道。

□□臨機応変 (りんきおうへん)
その場の状況や変化に応じて適切な手段をとること。「臨機」はその場に臨むこと。「機に臨み変に応ず」とも読む。

【著者紹介】
出口 汪（でぐち・ひろし）

1955年東京都杉並区に生まれる。関西学院大学大学院文学研究科博士課程修了。広島女学院大学客員教授、論理文章能力検定評議員、東進衛星予備校講師、出版社「水王舎」代表取締役。現代文講師として、受験生の成績を飛躍的に伸ばし続け、受験参考書がベストセラーになるなど圧倒的な支持を得ている。また、「論理力」を養成するために開発した「論理エンジン」は、全国250校以上の学校で採用されている。著書に『出口の好きになる現代文』『出口のシステム現代文』『出口先生の頭がよくなる漢字』の各シリーズ、『出口汪の「最強！」の記憶術』『子どもの頭がグンと良くなる！国語の力』『芥川・太宰に学ぶ 心をつかむ文章講座』『大人のための本当に役立つ小学生漢字』（以上、水王舎）など。

大人のための
意外と知らない小学生四字熟語

2016年2月10日　初版　第一刷発行

著者	出口 汪
発行人	出口 汪
発行所	株式会社水王舎
	〒160-0023
	東京都新宿区西新宿6-15-1
	ラ・トゥール新宿511
	電話 03-5909-8920
カバーデザイン	福田和雄（FUKUDA DESIGN）
印刷・製本	中央精版印刷株式会社

落丁、乱丁本はお取り替えいたします。

©Hiroshi Deguchi, 2016 Printed in japan
ISBN978-4-86470-036-8 C0081

既刊好評発売中!

大人のための本当に役立つ
小学生漢字

出口 汪・著
定価（本体７００円＋税）

気軽に楽しく、漢字で頭の体操!

小学生漢字を書けないと大人のあなたは恥を書く!

"現代国語のカリスマ" 出口汪が、大人が知っておくべき小学生漢字を厳選し、テスト形式で出題！そして巻末には灘中の入試問題も掲載！
本書一冊で、日常必要とする漢字をもう一度見直し、語彙力や表現力を豊かにし、頭を鍛えることができます。
さて、あなたは何問答えられますか？

既刊好評発売中!

出口汪の「最強!」の記憶術

出口 汪・著

定価(本体1200円+税)

「頭が悪い」なんてもう言わせない!

脳科学による世界一無理のない勉強法を一挙公開!

簡単に読めて「理に適った記憶術」がマスターできる1冊!本書を実践することで、ビジネスや勉強の現場で何よりも頼りになる「武器」を手に入れることができます!
論理と脳科学を活用した記憶の仕方を誰にでもわかるように解説しています。
読むだけでグングン頭が良くなる「勉強法」の決定版!

既刊好評発売中!

出口 汪の「最強!」の書く技術

出口 汪・著

定価(本体1200円+税)

「わかりづらい…」なんて言わせない!
情報発信時代に必須の「文章のコツ」がわかります!!

時代がどれだけ変わっても、書く技術があれば、あなたは必要とされます!
メールやSNSなど、情報発信の機会が多い現代において必須の「書く」技術について、わかりやすく解説しています。
読むだけで文章の基本が身につき、自分の言いたいこと、伝えたいことを相手に自在に伝えられるようになります!